AF383325

Bibliographische Information der Deutschen Nationalbibliothek:
Die Deutsche Nationalbibliothek verzeichnet diese Publikation in der
Deutschen Nationalbibliographie; detaillierte bibliographische Daten
sind im Internet über http://dnb.d-nb.de abrufbar.

ISBN: 978 – 3 – 732 -23208 - 6

Herstellung und Verlag:
Books on Demand GmbH, Norderstedt
Printed in Germany

Stand April 2018, 2. Auflage

Hinters Schild geschaut...

Korschenbroicher Straßennamen

- Herkunft und Bedeutung -

Von

Alfred Hunold

Inhaltsverzeichnis

Dank

gebührt allen, die mit Anregungen und Beiträgen geholfen
haben, das Werk fertigzustellen,

insbesondere dem Stadtarchiv Korschenbroich, Frau Brieske und
Frau Leuchtges, für viele Erklärungen,

und Herrn Hermann Knabben für den Vorschlag zum Titel und dem Titel-
bild, für einige Fotographien und eine dauernde Begleitung beim Einsatz
des DTP-Programms Scribus,

den Heimatvereinen, Glehn, Lüttenglehn, Kleinenbroich,
Korschenbroich, Liedberg und Pesch, insbesondere Frau Carsjens,
Heimatverein Kleinenbroich, die mich mit Daten und Bildern unterstützte,

sowie Frau Marlene Hülser, Kleinenbroich, den Herren Josef Bongartz,
Liedberg, Hermann Buchkremer, Glehn, Erwin Fischermann,
Korschenbroich, die durch Befragungen noch lebender Zeitzeugen wesentlich zur Aufklärung der Geschichte der Vergabe der Straßennamen beigetragen haben.

Allgemeines

zu Herkunft und Bedeutung der Straßennamen

a) Sprachliche Anmerkungen zu hiesigen Namen

Man kann die Straßennamen einteilen in solche, die einen Bezug zur Örtlichkeit haben, z.B. Engbrück oder Am Hommelshof, und solche, die davon losgelöst einen Namen tragen, der in jedem Ort vergeben worden sein könnte, z.B. Veilchenweg oder Eichhörnchenweg.

Namen, die alte Flurnamen und Hofnamen, Ortsnamen oder Namen von verdienten Menschen, die in unserem Ort gelebt haben, sind den oft gedankenlosen Allerweltsnamen natürlich vorzuziehen.

Erst recht, wenn diese Namen einer Mode entspringen und sie vermutlich in mittlerer Zeit wieder vergessen sein werden.

Dagegen wahren die landschaftsbezogenen Namen oft ein Erbe alter Sprachen, die in Mitteleuropa längst ausgestorben sind.

Im Gegensatz zu früheren Zeiten werden heute auch Namen von Menschen zu Lebzeiten vergeben, wenn noch niemand sagen kann, wie verdienstvoll – oder auch nicht - deren weiterer Lebensweg sein wird.

In diesem Sinne schlechte Erfahrungen haben wir mit Politikernamen gemacht, die nach nur zwölf Jahren niemand mehr haben wollte. Nach 1945 wurden die vielen Adolf-Hitler-Straßen u. a. wieder umbenannt.

Man kann in den vergebenen Namen, wie auch bei Vornamen von Kindern, fast immer auch einen Ausdruck des Zeitgeistes sehen und erraten, wann die Namen vergeben wurden.

In fast allen Ortschaften finden sich Viertel, die Namen der gleichen Art haben, z.B. Blumennamen, Bäume, Sträucher, Tiere, Vögel, Flüsse, Komponisten, Dichter, Künstler, Friedensnobelpreisträger, Philosophen, Politiker, Geschlechter, Erfinder, Industrielle, Heiligennamen, Pfarrer u.a.

Die Namen, die geographische Begriffe darstellen, wie Flurnamen und Hofnamen, Ortsnamen oder Gewässernamen, sind in unserer Gegend stark vom Keltischen bzw. Urkeltischen und einer ureuropäischen Sprache geprägt und entziehen sich der Deutung aus dem Hochdeutschen. Unsere alten geographischen Namen sind über Jahrtausende in unserer Heimat gewachsen und sind daher den oft flüchtigen, wie aufgepfropft wirkenden Namen weit überlegen.

Dieses Ureuropäische, das man auch das Vaskonische nennt, von lat. vaskones = Basken, hat neben den germanischen und keltischen Sprachen auch das Lateinische als spätere Sprache geprägt, da die Italiker in ihrer nordwesteuropäischen Urheimat auf dem Boden der Ureuropäer und als Nachbarn der Urgermanen und Urkelten siedelten. Deshalb ist es falsch, das Lateinische als Ursprung mancher Namen anzusehen, die auch vom Ureuropäischen abgeleitet werden können. Die meisten Namenforscher haben zudem das Ureuropäische noch gar nicht in ihren Gesichtskreis und in ihr Forschungsgebiet aufgenommen.
Das Ureuropäische findet seine Nachfolge im heutigen Baskischen; dem zitierten Ureuropäischen liegt behelfsweise, aber doch plausibel, das Wörterbuch Baskisch-Deutsch zugrunde, da ein älterer Sprachstand des Baskischen oder gar des Ureuropäischen nicht belegt ist.

b) Benennung der Straßen vor 1933 und vor der amtlichen Vergabe von Straßennamen
Seit ungefähr 1800 war es üblich, die Häuser einer Ortschaft mittels einer Hausnummer zu bezeichnen, z.B. in Köln ein Haus Nr. 4711.
Straßennamen (mit eigenem Hausnummern-Kreis) wurden erst später eingeführt, spätestens um 1960.
Stadtpläne, wie wir sie heute kennen, gab es vor 150 Jahren für unsere hiesigen Ortschaften nicht.
Aber in den alten französischen und preußischen Flurkarten sind noch manche Straßen- und Wegenamen verzeichnet, die bis heute verloren gingen (siehe Plankstraße in Korschenbroich).

Glehn: In Glehn wurden bis 1963 alle Häuser durch Nummern bezeichnet, wenn auch schon einige Straßen Namen hatten.
Die Neußer Straße, die Rheydter Straße, die Bachstraße, die Wolfstraße.

4

Lüttenglehn, Ober- und Unterstraße, Schlich, An der Au. Epsendorf und
Scherfhausen hatten außer dem Ortsnamen ausschließlich Hausnummern.
(7)

Kleinenbroich: Bahnhofstraße, Gladbacher Straße, Neusser Straße,
Oststraße, Kirchstraße (wo war sie? heutige Maternusstraße?),
Nordstraße, Hochstraße, Neuer Weg (heutige Bismarckstraße),
Bachweg (heutige Matthiasstraße), vermutlich, laut Zeugenaussage, noch
Glehner Straße, Rhedung, Überseite, Martinshütte, Düpp.
Alle hatten durchgehende Hausnummern. (9)

Korschenbroich: Vor 1933 gab es die Straßen, die von den
Nationalsozialisten umbenannt wurden, also Regentenstraße,
Borrenstraße, dazu aber auch die Bahnhofstraße, die Steinstraße,
der Hannenplatz, die Mühlenstraße, vermutlich Gladbacher Straße,
die Rheydter Straße, die Schloßstraße (heute Herrenshoffer Straße) und
die Neusser Straße. Alle hatten durchgehende Hausnummern. (2)

Liedberg: In Liedberg wurden vor 1933 alle Häuser mit Nummern
bezeichnet. Straßennamen im Sinne der Postanschriften gab es nicht.
Das schließt nicht aus, dass einige Wege und Straßen einen Namen hatten,
und sei es nur z.B. "Communalweg nach xx". (8)

c) Benennung der Straßen in der NS-Zeit
Nach der Machtübernahme durch die Nationalsozialisten 1933 wurden
überall Straßennamen geändert und solche gewählt, die einen Bezug zur
Politik des Regimes hatten. Erstes und zugleich hervorstechendes Beispiel
sind die vielen Adolf-Hitler-Straßen, die es in fast jeder Stadt geben mußte.

Glehn: Die Landstraße von der Einmündung Schwohenend Richtung Neuss
wurde in "Hindenburgstraße" umbenannt, die Landstraße von der Einmün-
dung Schwohenend in Richtung Rheydt in "Adolf-Hitler-Straße".
Schwohenend: "Hermann-Göring-Straße"
Wolfstraße: "Albert-Leo-Schlageter-Straße"
Bachstraße: "Horst-Wessel-Straße" (20)

Heckenend: "Herbert-Norkus-Straße" (7)

Kleinenbroich: Hier wurde die Kirchstraße zur "Hindenburgstraße", die Oststraße zur "Adolf-Hitler-Straße" und der Marktplatz (wo war ein Marktplatz?) wurde zum "Horst-Wessel-Platz" umbenannt (20).

Korschenbroich: Die Regentenstraße wurde in "Schlageterstraße" umbenannt, die Borrenstraße in "Horst-Wessel-Straße" (2). Dass dies die einzigen Umbenennungen gewesen sein sollen, leuchtet nicht ein, denn es gab damals wichtigere Namen, die vermutlich eher berücksichtigt werden mußten.

Liedberg: Dort blieb auch in den 12 Jahren das alte Hausnummern-System erhalten, Straßennamen wurden erst nach 1945 vergeben (8).

Pesch: Es wird berichtet, dass eine Straße umbenannt wurde, "und zwar jene, die von Pesch-Blech ins Hoppbruch führt und fortan den Namen "Horst-Wessel-Straße" trug" (20). Welche das war, ist unklar.

In den Jahren unter Bürgermeister von Bönninghausen sollen auch die bis dahin durchnummerierten Häuser in Korschenbroich/Pesch und Kleinenbroich auf das Straßen/ Hausnummern-System umgestellt worden sein.

d) Benennung der Straßen nach 1945
Nach 1945 wurden alle Straßennamen, die in der Zeit von 1933 bis 1945 vergeben wurden und deren Namensträger mit der nationalsozialistischen Ideologie in Verbindung gebracht werden konnten, wieder in ihren alten Stand umbenannt.

Glehn: Nach dem 2. Weltkrieg wurde die Landstraße von der Kirche in Richtung Neuss in "Neusser Straße" umbenannt und in Richtung Rheydt in "Rheydter Straße". Nach einer Verordnung der Amtsvertretung Glehn vom 28.6.1963 wurden diese beiden Straßen durchgehend in "Hauptstraße" umbenannt und alle Häuser erhielten neue Hausnummern.

1945 ist die Herbert-Norkus-Straße wieder umbenannt worden von der
Bachstraße ausgehend als "Schmiedstraße" bis Einmündung Wolfstraße,
dann als „Heckenend" einschließlich der heutigen Friedensstraße (7).
Der gesamte Ort Glehn, wie auch alle übrigen Ortsteile der Gemeinde
Glehn (Lüttenglehn, Schlich, Epsendorf und Scherfhausen) waren bis dahin
durchnummeriert (7).

Der Ort Scherfhausen wurde erst am 12.10.1972 neu nummeriert
und die Straße Richtung Epsendorf in "Epsendorfer Weg" umbenannt, während die Durchgangsstraße den Namen "Scherfhausen" behielt (7).

Liedberg: Hier wurden ganz neue Straßennamen nach 1945 vergeben (8).

Leider sind uns keine Stadtpläne aus früheren Zeiten, auch nicht aus den
Dreißiger oder den 60er Jahren des vorigen Jahrhunderts überliefert. Sollten Leser noch alte Ortspläne besitzen, so würden wir sie gerne als Kost-
barkeiten kopieren.

e) Benennung der Straßen bei der Kommunalreform 1975
Bei der Kommunalreform wurden viele Straßennamen, die mehrfach in den
Ortsteilen vorkamen, ausgesondert und durch neue ersetzt. In Korschenbroich wurden diese Namen laut einer Beschlußfassung im Bauausschuß
vom 28.10.1975 geändert.

Seitdem werden Straßenbezeichnungen, meist in Abstimmung mit den
Heimatvereinen, vom Bau- oder Kulturausschuß in öffentlicher Sitzung
entschieden.
Sollten Leser zu den genannten Straßennamen oder zu ihrer Geschichte
weitere Einzelheiten beitragen können, so bitten wir sie, sich beim Autor zu
melden. Ergänzungen oder Berichtigungen sind für eine spätere Neuauflage
immer willkommen. Auch Irrtümer oder Mißverständnisse unsererseits sind
nie ausgeschlossen, so sehr wir uns auch bemühten.

Quellennachweis:

Zur Beschreibungen der Straßennamen haben wir uns auf Angaben
des Stadtarchivs Korschenbroich, des Archivs des Rhein-Kreises-Neuss,
der Heimatvereine und ihrer Mitglieder, sonstiger Ortsansässiger sowie auf
lokalhistorische Literatur gestützt. Wir haben die Quellen durch Angabe in
Klammern, z.B. (4) = "(4) Bremer, Das kurkölnische Amt Liedberg", ge-
kennzeichnet.

(1)   Angaben des Stadtarchivs Korschenbroich
(2)   Archiv Rhein-Kreis-Neuss
(3)   Ahrweiler, Matthias und Bongartz, Josef
            Liedberg, Historisches in Wort und Bild
(4)   Bremer, Jakob   Das kurkölnische Amt Liedberg,
            Mönchengladbach, 1930
(5)   Bremer, Jakob   Die reichsunmittelbare Herrschaft Myllendonk,
            Mönchengladbach 1939
(6)   Frommen, R.   Lingen, D. Meyer, L.: Liedberg, ein Hügel schreibt
            Geschichte, 2005
(7)   Heimatvereine Glehn und Lüttenglehn und Ortsansässige
(8)   Heimatverein Liedberg und Ortsansässige
(9)   Heimatverein Kleinenbroich und Ortsansässige
(10) Heimatverein Korschenbroich und Ortsansässige
(11) Hunold, Alfred   Das letzte Indogermanisch lebte noch lange
            – in der Umgebung von Korschenbroich, 2011
(12) Historischer Streifzug durch die Stadt Korschenbroich
(13) Internet-Wikipedia
(14) Kirchhoff, Hans Georg   Amt Korschenbroich, Die Geschichte der
            Gemeinden Korschenbroich und Pesch;
            1974
(15) Kirchhoff, Hans Georg   Glehn, 1979
(16) Kirchhoff, Hans Georg   Geschichte der Stadt Kaarst, 1987
(17) Köhnen, Hubert   Kleinenbroich, 1974
(18) Köhnen, Hubert   "Unges Platt", 1982
(19) Leusch, Reiner   Der Kuhlenhof

(20) Rüther, Martin   "...nur schuldig in meinem guten Glauben",
Schriftenreihe des Stadtarchivs Korschen-
broich, Band 3

(21) Rüther, Martin   Heraus aus dieser dunklen Zeit"
Schriftenreihe des Stadtarchivs Korschebroich,
Band 5

Bilder sind z. T. dem Internet oder den angegebenen ortsgeschichtlichen Werken entnommen, z.T. selbst erstellte Fotographien von Herrmann Knabben, Kleinenbroich.

Dem Stadtplan liegt die Fassung aus dem örtlichen Telefonverzeichnis zugrunde.

Karte 1

Neersbroich
Trabrennbahn
Flughafen Start-
Mönchengladbach
Empfangsgebäude
und Landebahn
A
Meer- Broicher Str.
Broichmühlenweg
Broich-
mühle
44
Neers-Broicher Weg
Kannenhofer Weg
Pelth.
Abtshof
Schönrather
Hof
Wasser-
werk
Trietbach
Krefelder Str.
Neuwerk
(zu Mönchengladbach)
Neersener Weg
Schöpperhof
Görtzhof
B
57
Mönchenglad.-Ost
Friedrich- Kreutzer- Str.
Damm
Remmerts
Schöpperweg
21
Siegers-
hof
L 390
Willicher Damm
Ueddinger Str.
Ueddinger Str.
Engelsmühlenweg
Ehem.
Engelsmühle
Neersener Weg
Domberg
Schöpperweg
C
Hagelshof
Friedrich-Kreutzer-Str.
Schanskanter weg
Ueddinger Str.
Uedding
Nieverhof
Neersener Weg
Kiga.
Totenhs.
Huppertzhof
Ueddinger Str. Ueddinger Str.
Bauesweg
Kamperhof
Sportpl.
Städt.
Friedhof
Herrenshoff
(zu Korschenbroich)
An den Hüren
Ehem.
Nonnenheim
1-Romanstr.
Turnhalle
Sen.-Tagesstätte
Pfarramt
Herzbroicher Graben
Herzbroicher Weg
D
Am
Heines-
hof
Rüdigerstr.
Grund-
sch.
Johannes-
Huppertz-Str.
Kiga.
Roland-
str.
Myllendonker Str.
Am Ehrenmal
Schaffen-
berg-
str
Bern-
hardt-
str.
Schloß
Myllendonk
K 5
Baggersee
Dahlien-
weg
Veilchenweg
Tulpen-
Schilmerweg
Huberusstr.
Herzbroicher Graben
Lieven-
sted
Mörike-
str.
Klein-
gärten
ehem.
Oelmühle
Rosen-
weg
Myllendonker Str.
Am
Heyerhof
An Ruhren
Novalisstr.
Mörike-
str.
Willicher Str.
E
Hülserbleck
An Becker-kamp
Neerf
Golplatz
Zollhaus
A Zollhaus
An den
drei Stainan
V.-
Kleist-
Am Laulerkamp donker Str.
Hülserbleck
Am Beckerkamp
Tierheim
Zollhausstr.
Herzbroich
Myllendonker Str.
K 5
Am
Neusser
Str.
Hülserkamp
Kiga.
Ruhrenhütte
Jugend-
hm.
L 382
Am
Brückensteg
Weg
Neusser Str.
Reitplatz
und
halle
Waldfriedhof
F
Sportpl.
Kleingärten
Nachtigallen-
weg
Fragenhütte
Fragen- hütte
Waldfriedhof

1
2
3
4

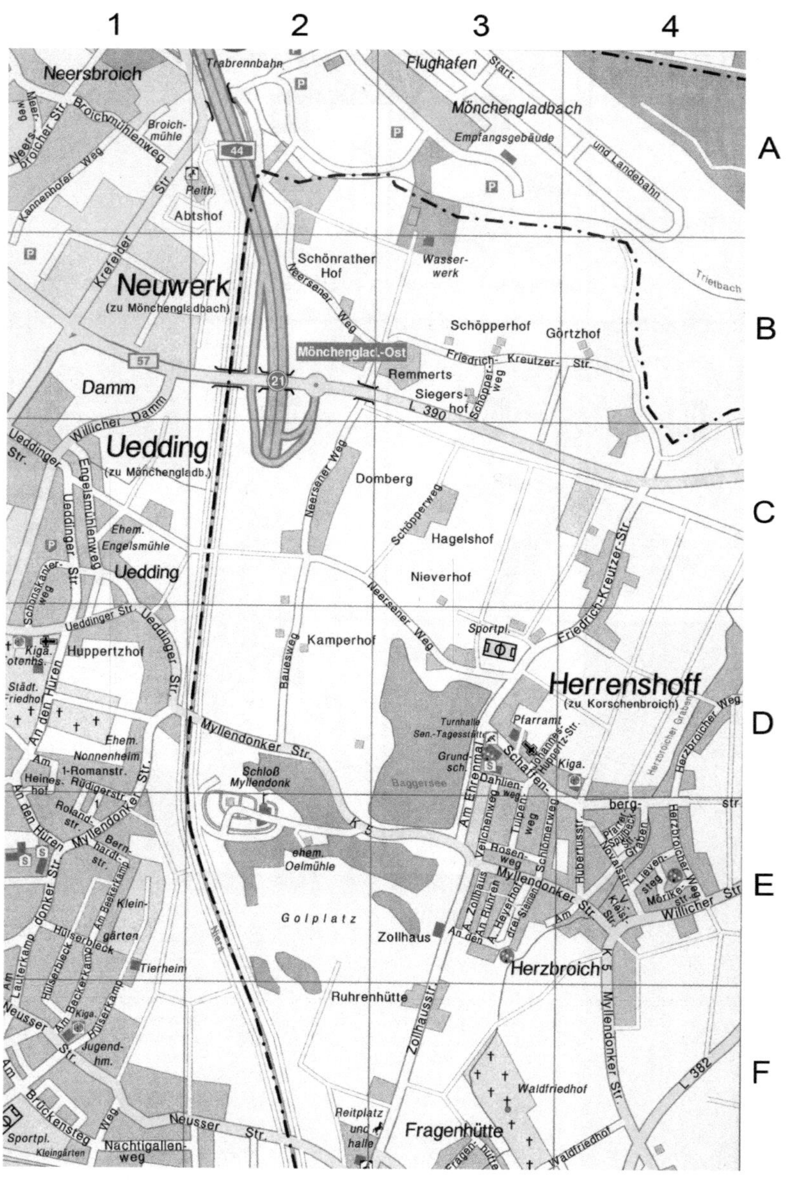

Karte 2

5
6
7
8
A
B
C
D
E
F
Tydian
L 390
Büttger-
wald
Büttgerwald
Mertens-
hof
Kleinen-
broicher
Wald
Auf
dem Wald
L 361
Büttgerwald
Kies-
abbau
L 390
L 361
Gewerbe-
gebiet
Im Hasseldamm
Lodshof
L 382
Pastoratsstr.
Raderbroicher
Busch
Raderbroich
(zu Korschenbroich)
Willicher Str.
Raderbroich
Hof-Hof
Holzw.
Flachs-
beiche
Am Sieg
Nonienweg
Rheindury
K 23
Raderbroich
Neu-Hof
Raderbroich
Raderbroich
Raderbroich
Am
alten
Säge-
werk
Korschenbroich
Raderbroich
Martins-
hütte
(zu Korschenbroich)
Rheindur
Martinshütte
Martins-
hüt-
gas
weg

11

Karte 3

9
10
11
12
A
B
C
D
E
F
Bresserhof
Kaarster See
Am Kaarster See
Surf u. Segelzentr.
Neersener Str.
Baggersee
Jüchener Bach
Waldhof
K 34
Fischteich
Schief. Alt Werret
Wattmann-
straße
Am Vorster Bruch
Himmgasse
Neu Werret
Alt Werret
Kanin- chens- kamp
Jägerstr.
1 - Bayernstr.
2 - Saarlandstr.
3 - Oldenburgstr.
Festplatz
Wildpfad
Wolfstaller Str.
Winkels- falter
Spielmannstaller
Wattmannstr.
Badenstr.
Hessenstr.
Niedersachsen Str.
Holster str.
Düppheide
Edeltaller
Westfalen- str.
Birkenhof
Am Spark
Brandenburgstr.
Jüchener Bach
Düppheide
Am Feldrand
Kleinenbrocher
Am Sport
Flott- heide
Thüringen
Kläranlage
Mozartweg
Schubertw.
Liszt- weg
Mendelssohn weg
Bader- brocher Str.
Am Heidt
Kennenheide
Beethoven weg
Durdenhader Weg
Chopinw.
Rottes
Lenarweg
Haydn weg
Düppheide
Rottes
(zu Kaarst)
Schielbahner
Lessing- str.
Kantstr.
Goethe- str.
Chamisso str.
Oststr.
Buttgener Weg
Eickerender Str.
Baumchens
Rhedung
(zu Korschenbroich)
Sportpark
Oststr.
Drosselweg
Am Stepprather Hof
Kranichweg
Kondorweg
Rottes
Mehrzweck- halle
Hallen- bad
Kolping- str.
Nordstr.
Jan-van-Werth- Str.
Stepprather Hof
Eickerend
(zu Korschenbroich)
Lärchenweg
Am Hallenbad
Am Kempen
Kiga.
Blumenweg
Ginsterstr.
Enzianstr.
Asterstr.
Jan Palach weg
L 361
1 - Igelweg
2 - Fledermausweg
3 - Eichhörnchenweg
4 - Nikolausstr.
5 - Martinshütte
Rotthaushof
Tennispl.
Fichtenstr.
Lindenw.
Ulmenweg
Buchenweg
Weiden weg
Zedernw.
Dörfer Feldweg
Kastanienstr.
Anne-Frank-Str.
Edith- Stein-Str.
Eschenw.
Nordstr.
Ahorn-
Baumsweg
Tannenstr.
Nelkenw.
Erlenw.
Kiefernw.
Rhedung
Auf dem Brand
Dorfstr.

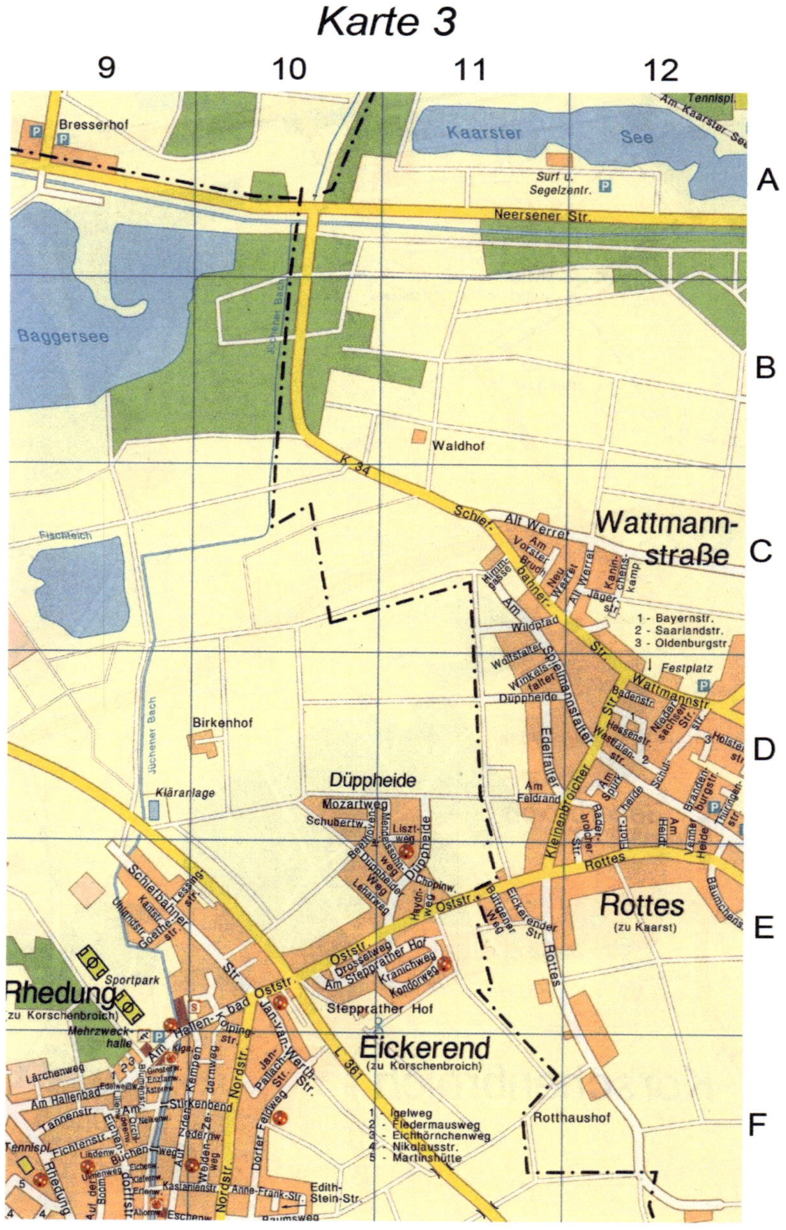

13
14
15
16
A
B
C
D
E
F
Gladbach
Gladbacher Str.
J.-G.-Halske-Str.
Reitplatz
Indus-
triestr.
Herrenshotter Str.
Grüner
Am Waldfriedhof
Werner-von-Siemens- Str.
K 14
Mühlenstr.
Robert-Bosch- Str.
Am Bahnhof
Rochus- str.
Korschenbroicher Str.
broicher Str.
Korschenbroicher Str.
L 381
Rochus-
1-Rubensweg
2-Maria-Merian-Str.
3-G.-Münter-Str.
4-Frieda-Kahlo-Str.
5-Ernst-Barlach-Str.
7-Hannenplatz
8-A. d. alten Post
9-Brauereistr.
Knippertz-
mühle
Gilles-hütte
Winands-
hof
Gilleshütte
An der
Sand-
Kuhle
Heine-Str.
Hannen-
Str.
Kiga.
A. Rütters weg
H.-Claudius-
str.
E.-Selbert-
Synag.
A. M
A. d. Selber-
Matthias
Hoeren-Pl.
Sebastianus-
Donk
Borren-
Bruchstr.
Gilles-
A. Klee-S
A. Dürer-Str.
Jane-Addams-Weg
P.
Luise-Hensel-S.
C Str
14
10-T.-v.-Wüllenweber-Pl.
11-Helene-Lange-Str.
12-Clara-Viebig-Str.
13-Chr.-Tausch-Str.
14-Käthe-Kollwitz-Str.
15-Mutter-Teresa-Str.
16-R.-Menchu-Str.
17-B.-v.-Suttner-Str.
18-H.-Durant-Str.
W.-Brandt-
King-Str.
M.-Lu-
G.-Stresemann-Str.
Rheydter
Gustav-Heinemann-Str.
An Heldsmühle
Hober
Finkenweg
Adlerw.
An Sportplatz
Königs-
berger
Str.
Danziger
Meuters-
weg
Schloß
Rheydt
Neersbroicher
Busch
Sportpl.
Korschen-
broich
Trieten-
broich
Helds-
mühle
Städt.
Museum
Neersbroich
Sportpl.
Rheydter
Str.
Am
Maarweg
Am Trietenbroich
K 3
Neustadt
Bruch-
Rheydter Str.
L 31
Schür-
manns-
hof
Flußbach
Krünsend
Am Trietenbroich
Krünsend
L 31
Wasserwerk
Tackhütte
Tack-
hütte
Hütz
Josef-Lamberts-Str.
Maria-Klöthen-Str.
Biesel-Str.
Nahestr.
Hütz
Löpersende
Nesselrode-
Ruckes
m Busch
bachstr
Eiger
Eiger
Paland-
stadt
Puttschen
Kiga.
Puttschen
Gcinerfeld
Am
Schlagbaum

Karte 5

17
18
19
20
A
B
C
D
E
F
Grüner Zierdenweg
Neusser Str.
Eng-
brück
An der Insel
Fugger-
str.
Fuggerstr.
Püllen weg
Hansesl.
Neusser Str. K 33
Kleinenbroicher Str.
Bahnstr.
Städt.-
Abwasserb.
6-Am Kirsmichhof
Friedrich-Ebert-Str.
L 381
Regenten str.
Am
hof
Blankstr.
Am Blankstr.
Pescher
Engbrück
Müllen-
weg
Mühlenweg
Am Henkes Hof
Krieger-
weg
Bau-
Dez
Pfarr.
Freiheit-
Schiller-
Josef-
Regenten str.
Am bruck
Hommels-
A. d.
An der
Krauzkap
Teich
Lichtstr.
K 23
Neusser Str.
Sen.
heim
Gesund.
amt
REHA-Klinik
Julius-Str.
St.-Andreas-Str.
Otto-Str.
Peter-Firmen-Str.
1-St.-Katharina-Platz
Taubenschlag
L 381
Raths-
pl.
Steinstr.
Kirch-
pl.
Pescher
Sportpl.
Sport-
he. †
Friedh.
Eng-
Str.
An der
Piesbach
Willi-Hannen-Park
Lichtstr.
Friedhof
Taubenschlag
Kleinenbroicher Str.
Grundsch.
Am Ramberg
Sorren-
Schwug.
Str.
Kolping
Str.
Bleichstr.
Am
Sportplatz
Pappelweg
L 382
Am Zallenhof
Am
Pesch
(zu Korschenbroich)
Arnheidsmühle
Kiga.
Sport-
platz
Sport-
halle
Barrenweg
Kleingärten
Jüd.
Friedh.
Tennis-
pl.
Pescher Str.
Haus-Horst-Str.
Donatusstr.
Zallenstr.
Am Eichen-
grund
Am
Zallenstr.
Marien-
kirch-
str.
Pfarramt
Wiesenweg
Jugendh.
2
Waldstr.
3
Kiga.
Ledberger
Hopp
bruch
Vogtstr.
Steinernes
Brückchen
In
den
Hügeln
Vogtstr.
2-An der Kapelle
3-Fr.-Karl-Kremer-Str.
Vogtstr.
Peter-Gens-Str.
Weißer Weg
Feldstr.
Str.
Ledberger Str.
Blecherstr.
Am Dyckershof
K 35
bach
Drölsholz
L 382
Am Ellefth.
Leppers-hütte
Leppershütte
Leppershütte
Horst
Haus
Horst
Tennispl.
Bauernhütte
Am
Hoppbruch
Sportplatz
Karolinger
str.
Loos
benden-str.
Melcide-str.
Mühlen-kamp
Str.
Limburg-Randeral
Mühlen-v. Fürsten-berg
Jahnstr.
Wasserweg
Bauern-hütte
Staufen-Str.
St.-Georg-Str.
Hildegundisstr.
Jugd hm
Fuchs-
weber-str.
Stein-haus.
Dyckelholz
Lahmstr.
Am
Drölsholz
Am
Kutscher
holz
Dröls-
holz
Kellerstw.
Hüsges-ende
Bremis.
Dr.-An der Mühle
Landstr.
230

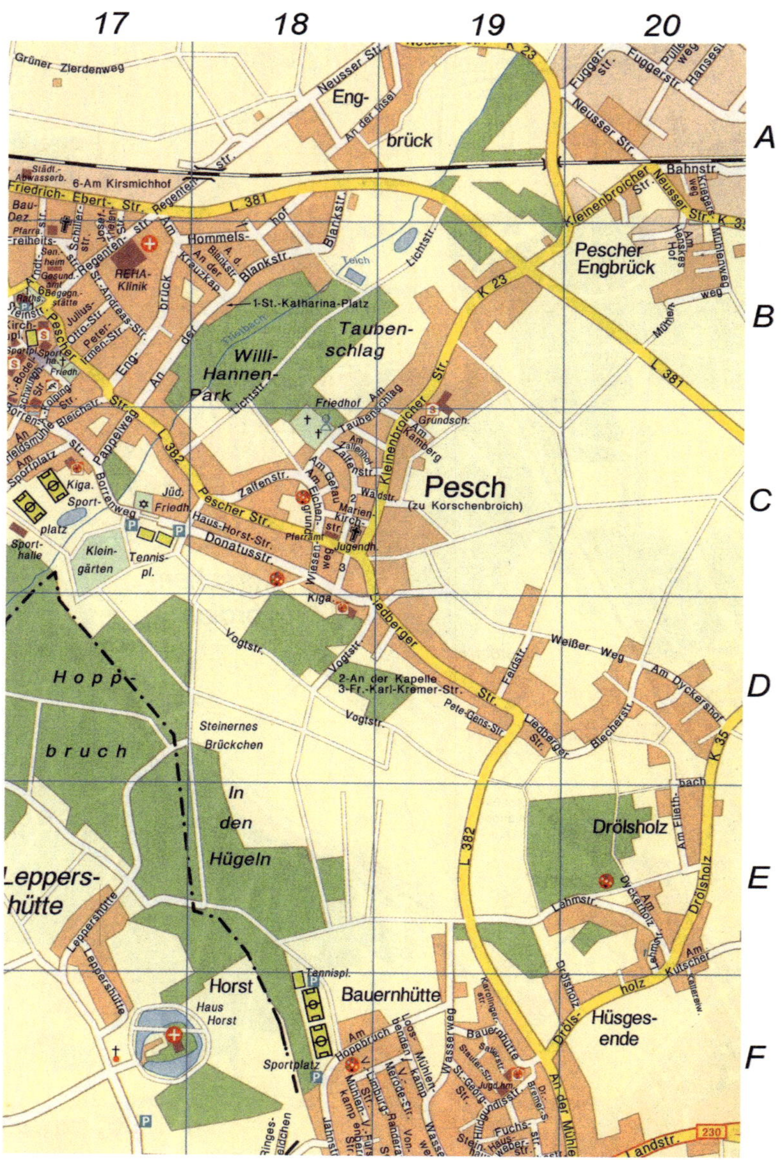

Karte 6

21
22
23
24
A
B
C
D
E
F
Pülen-weg
Rhedung
Stettiner Str.
Auf den Kampen
Akazienw.
Eicherender Feld
P
Alte Mühle
Martin-Luther-Str.
Berliner Str.
Stephanus-str.
Laurenius-str.
Antoniusstr.
1 Christopherusstr.
Püllenweg
Rhedung
Matthiasstr.
Nordstr.
P
Korschen-broich
SH
P+R
Ladestr.
Grundsch.
Am Lindenhof
Main-str.
Mosel-str.
Friedhof
S
An der Ladestr.
Bahnhof.
S
Dion.-Jozzistr.
Pesta-lozzi-str.
Raths-str.
S
Saarstr.
Ruhrstr.
Ahrstr.
Str.
Von-
Holzkamp
Stauffenberg-Str.
Bismarckstr.
Gartenstr.
Kiga.
Materinus-str.
Thory-str.
Kiga.
Pescher
Engbrück
Sporthalle
Jugendhm.
Josef-str.
K.-Nöthen-Str.
Bren-str.
Hochstr.
Kurt-Schu-macher-Str.
H.-Lübke-Str.
Eifel-str.
Dietrich-Bonhoeffer-Str.
Am Lohsonleinhof
An der Lohe
Am Jüchener Bach
Alb.-Schweitzer-Str.
Tn.-Landstr.
Hunsrückstr.
Senioren-heim
Überseite
Hohe Brücke
Haus-str.
Heuss-Str.
Tn.-Stdm.
Frentz-Str.
Kleinen-broich
Im Kamp
Randerath-Str.
Raitz-von-
Friedhofs-weg
Glehner Str.
L 381
Überseite
Ober-seite
Friedhof
Am Acker
L 381
K 35
Konr.-Adenauer-Str.
Überseite
Kaarster Hütte
Jüchener Bach
L 361
Konr.-Adenauer-Str.
Mevishof
K 35
Glehner Weg
K4
Ferkes-bruch
Kläranlage
230
Glehner
Brucher
Glehn
(zu Korschenbroich)
Büttiger W.
Haus Raedt
Am Birkenbusch
Haus Schlickum
Bendstr.
Bendstr.
Fleck-haus
Am Heide-str.
Heilweg
Schlick-str.
Kolms-Bach
Bendgasse
Haus Glehn
Modelle
Joenstr.-str.
Haus Kutscher
Am
Grootes
Klein-gärten
Bendstr.
Jüchener Bach
Bachaue
An der Schützen-
Schlich
Schlich
An der Au
K 8
Hauptstr.
Technozentr.
Auf dem Kamp
Kemper-gasse
Joenstr.
Hauptstr.
Further Weg
Blankpfad
F-iedhof
Anna-str.
Kemper-weg
Am Hagelkreuz
Haupt-Kirchstr.
Bach
Haupt-Schleben-weg

15

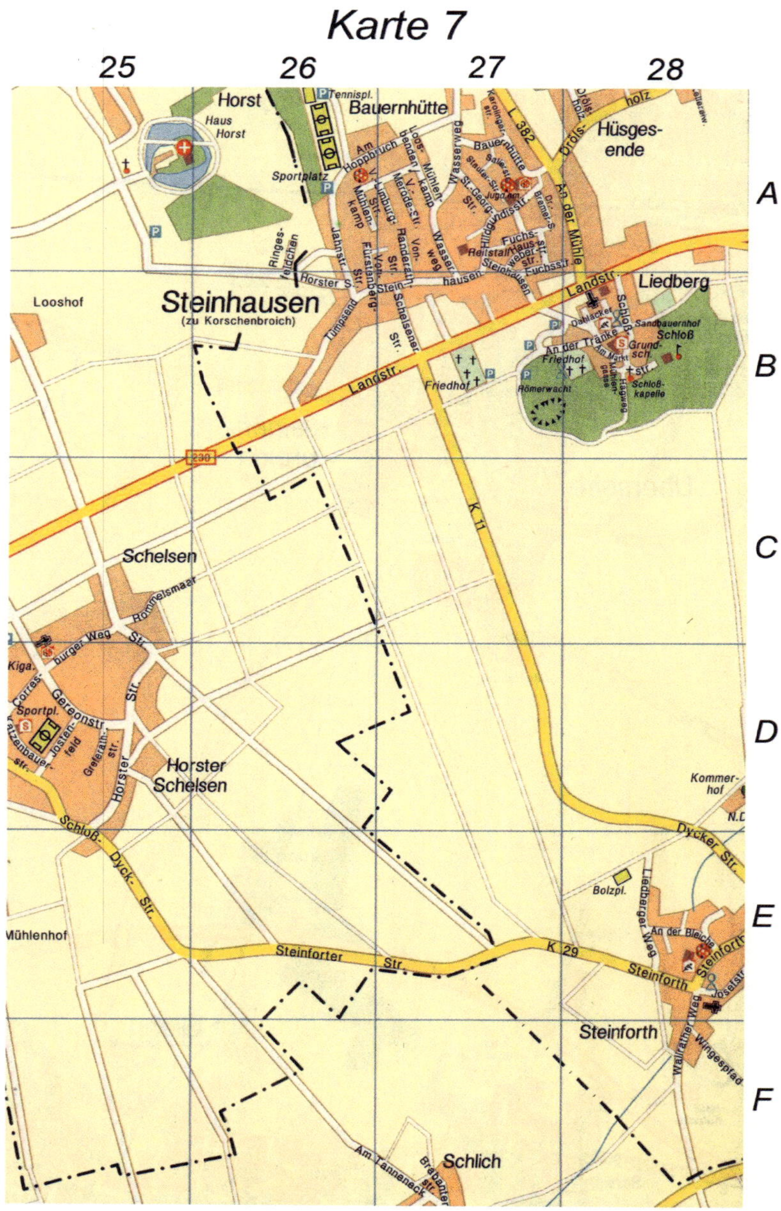

Karte 7
25
26
27
28
Horst
Haus Horst
Bauernhütte
Hüsges-ende
Tennispl.
Am Hoppbruch
Sportplatz
Loos-
Humburg.
V.-Humburg. Str.
Mühlen-Kamp
Mercie-str.
Randerath
Von-
Fürstenberg
Karolinger-str.
L 382
Bauernhütte
Staller-Str.
St.-Georg-Str.
Jugend.
Salier-
Bremen-s.
Dr. s.
An der Mühle
bröls-
holz-
holz
A
Ringes-feldchen
Jahnstr.
Horster S.
Stein-
hausen
Fuchs-
Reitstall
Haus-m
weber-str.
Steinhausen
Fuchsstr.
Hildgundisstr.
Landstr.
Liedberg
Looshof
Steinhausen
(zu Korschenbroich)
Tumpsend
Stein-
Schelsener
Str.
Dablacker
Schloß
An der Tränke
Sandbauernhof
Schloß
B
Landstr.
Friedhof
Am Markt
Friedhof
Grund-sch.
Mühlen-gasse
Hagweg
-str.
Schloß-kapelle
Römerwacht
230
K 11
C
Schelsen
Hommelsmaar
Kiga.
burger Weg
Str.
Str.
Forres-
Gereonstr.
Sportpl.
Katzenbauer-
Josten-feld
Greferath-str.
Horster
Schelsen
Horster
str.
Schloß
D
Horster Schelsen
Kommer-hof
N.D.
Dycker Str.
Mühlenhof
Schloß-
Dyck.-Str.
Bolzpl.
Liedberger Weg
An der Bleiche
Steinforth
E
Steinforter
Str.
K 29
Steinforth
Josefstr.
Wallrather Weg
Wingespfad
Steinforth
F
Am Tanneneck
Brabanter
Schlich

Karte 8

29
30
31
32
A
B
C
D
E
F
Haus Raedt
Haus Schlickum
Flecken-haus
230
Hellweg
Schlickum
Haus Glehn
Büttger W.
Heidestr.
Joest
str.
Haus Kutscher
Am Grottes
Schlich
K 8
Hauptstr.
Kemper-str.
Bendstr.
Bendstr.
Bendgasse
Kamp
weg
Auf dem kamp
An der Bachaue
Jüchener Bach
Schützen-straße
Joenstr.
str.
An der Au
Blankpfad
Schlich
Annastr.
Annastr.
Am Hagel-kreuz
Hauptstr.
Kirchstr.
Pfarra
Verw.
Bachstr.
Wolfstr.
Heck
Fürther Weg
Neuer Friedhof
Elisabethstr.
Luisenstr.
Kiga
Jugendheim
Schießen weg
Hauptstr.
Haus Fürth
Marienstr.
Schloß-Dyck-str.
Hedwigstr.
Friedh.
Am Spinn-graben
Am T.-Str.
Bachstr.
Glehn
(zu Korschenbroich)
Katharinenstr.
Cäcilien-str.
Gertrudisstr.
Schwohenend
Schwohenend
Försterstr.
Leo-Toller Str.
Joh.-Büchner-Str.
Am Buschacker
Schulstr.
K 4
Am Kirch-kamp
Schulstr.
Sportpark
Bolzpl.
hausen
Forster
K 29
Klein-
Jüchener Bach
Epsendorfer Weg
Busch
K.D. (Grabenanlage)
An der Schmelze
Kommer Bach
Scherf-
gärten
Kommerweg
Rubbelrath
Ehren-friedhof
Nikolaus-kloster
Klosterweg
K 11
Kastanienallee
N.D. (Allee)
Damm
(zu Jüchen)
L 32
N.D.
L 32
Golfplatz
Schloß Dyck
P
Teich
Katzenberger Bach
Schloßteich
Kleingärten
Aldenhoven

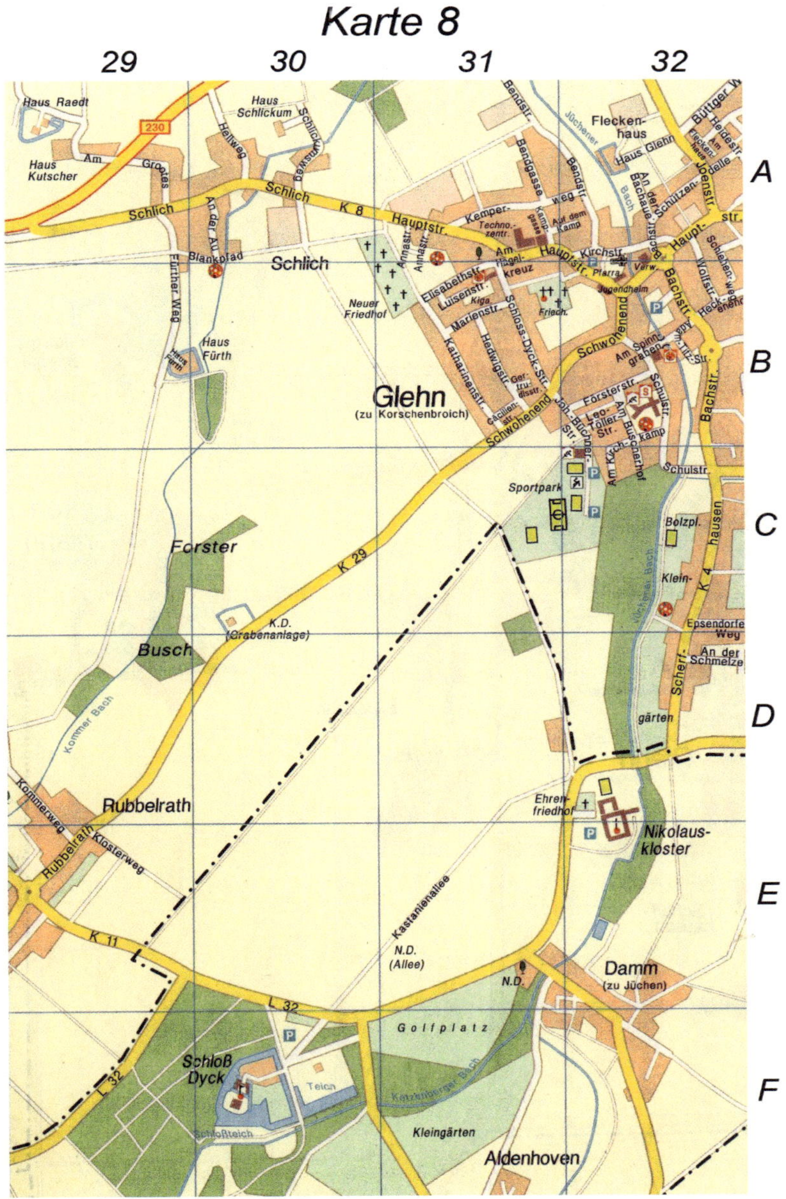

17

33
34
35
36
A
B
C
D
E
F
L 32
L 361
L 32
Büttger Weg
Kivitter Hof
Kivitter Hof
Weidenhof
Weidenhof
Gewerbe-
gebiet
"Glehner Heide"
Ottostr.
natio- mler- str.
Wankelstr.
Daimlerstr.
Dieselstr.
Am
Kerper
weiler
Landstr.
Alte
Heidestr.
Bolzpl.
Kiga.
Diesel-
str.
Hauptstr.   K 8
Lhuster
str.
Wacho-
derstr.
Rotdorn-
str.
Heckenend
Flieder str.
Am Lütten-
kamp
Sandkaule
Schanzer hofe
Alt-
schanzer-
hof
Neuschanzer-
hof
Glehn
(zu Korschenbroich)
K 29
Scherf-
hausen
spendorfer
Weg
L 32
K 8 n
230
K 42
L 361
Am Bilderstock
Blausteinstr.
Gehlen-
hof
Clarissen-
str.
str.
Am Meners-
kamp
Espendorf
Birkhofstr.
K 42
geplante
Golferweiterung
Golf-
platz
P
P
Rittergut Birkhof
Rittergut
Birkhof
Lütten-
glehn
(zu Korschenbroich)
Birkhofstr.
Unterstr.
Lüttenglehn
In Hütten
Oberstr.
Am Heisterdahl
Bolzpl.
Sporthalle
Schmiedstr.
Megelweg
Hof
Nixberg

Namenverzeichnis

A

Adam-Titz-Straße (Korschenbroich, Karte 8, B32)
Adam Titz (*12.05.1838, +24.09.1917) gründete 1878 eine Kraut- und
Marmeladenfabrik. Ab 1930 übernahmen die Kinder des Gründers Adam
Titz die Führung des Betriebes, ab 1950 trat die dritte Generation in den
Betrieb ein. Die Fa. Titz wurde bekannt besonders für (Zucker-) Rüben-
kraut, Apfelkraut und Birnenkraut.
Daneben auch für verschiedene Sorten Gelee und Sirup, sowie für
mehrere Sorten Marmelade und Pflaumenmus. 1978 wurde der Betrieb an
die Firma Grafschafter in Meckenheim verkauft. (1)

Adlerstraße (Korschenbroich, Karte 4, C16)
Benannt nach dem Greifvogel.

Adolf-Kolping-Straße (Korschenbroich, Karte 5, B17)

Adolf Kolping, 1813-1865, ein aus Köln stammender
katholischer Priester, der sich insbesondere mit der
Sozialen Frage auseinandersetzte, und der Begründer
des Kolpingwerkes.
Er stammte aus einer kinderreichen Arbeiterfamilie
und traf als Schuhmachergeselle Mitte des 19. Jh. auf
tiefe Armut, sklavische Arbeitsausbeutung und allgemeine Verelendung vieler junger Männer, die sich mit
geistiger Verwahrlosung und Apathie zu einem Milieu
verband, das kaum Hoffnung auf ein sinnerfülltes
Leben gab.
Er wurde 1845 Priester und wurde 1847 zum zweiten Präses des 1846 von
ihm gegründeten katholischen Gesellenvereins gewählt, der seinen Mitgliedern insbesondere in den Wanderjahren fern von zu Hause, soziale Unter-
stützung, Bildung, Geselligkeit und einen religiösen Halt gab.

Papst Johannes Paul II sprach den „Gesellenvater" am 27. Oktober 1991 selig. (13)

Ahornweg (Kleinenbroich, Karte 3, F9)
Nach der Baumart Ahorn benannte Straße im Baumviertel in Kleinenbroich.

Ahrstraße (Kleinenbroich, Karte 6, A23)
Nach dem Fluß in der Eifel benannt, im Flüsseviertel in Kleinenbroich. Name von ureuropäisch arrain = Fisch.

Akazienweg (Kleinenbroich, Karte 6, A21)
Nach der Baumart Akazie benannt, im Baumviertel von Kleinenbroich.
Bis 1975: Pappelweg.

Albert-Schweitzer-Straße (Kleinenbroich, Karte 6, B22)

Albert Schweitzer, 1875-1965, evangelischer Theologe, Organist, Philosoph und Arzt.
Er veröffentlichte theologische und philosophische Schriften, Arbeiten zur Musik, insbesondere zu Johann Sebastian Bach, sowie autobiographische Schriften in zahlreichen und vielbeachteten Werken. Friedensnobelpreis 1952. (13)

Albrecht-Dürer-Straße (Korschenbroich, Karte 4, C15)

Albrecht Dürer, 1471-1528, deutscher Maler, Graphiker, Mathematiker und Kunsttheoretiker von europäischem Rang, bedeutender Künstler zur Zeit des Humanismus und der Reformation. (13)

Alt-Schanzerhof (Glehn, Karte 9, D33)

Es steht fest, dass der Schanzerhof bereits im 13. Jahrhundert
bestand. Er lag einsam in den Feldern zwischen Epsendorf und Glehn

und als Besitzer ist anno
1337 ein Michael Scharant
bekannt.
Bei der Belagerung von
Neuss im burgundischen
Krieg wurde der "Scharant-
Hof" anno 1475 zerstört und
in der Nähe von Glehn wieder aufgebaut.

Da der Flurname des neuen Standortes "An der alten Schanze" lautete, ge-
riet der Besitzername Scharant in Vergessenheit.
Der "Schanzerhof" erinnert heute noch daran, dass es in früher Vorzeit hier
eine Schanze zur Glehner Verteidigung gab.
Wie der Historiker Kirchhoff herausfand, hatte der Schanzerhof die
Rechtsqualität eines Ritterlehens, seine Besitzer waren Angehörige des
niederen Adels, die Scharants waren schon Lehensmänner von Schloss
Dyck. (13)

Alte Landstraße (Glehn, Karte 9, C33)

Rest der alten Landstraße von Glehn nach Neuss. Zugleich Teil der alten
Heerstraße von Neuss über Glehn (7).

Am Acker (Kleinenbroich, Karte 6, C22)

Sofern der Name ein alter Flurname ist, wie es an anderer Stelle in Kleinenbroich der Fall ist, der eine Verballhornung (Entstellung) darstellt, wird
sich dahinter ein altes „aqua" oder „acha" verbergen, welches Wasser bedeutet. Die Flur liegt tatsächlich in der Nähe des Jüchener Baches.

Am alten Sägewerk (Korschenbroich, Karte 2, E7)

Das Sägewerk von Jakob Dresen war bis um die Jahrhundertwende
1999/2000 in Betrieb. (13)

Am Bahnhof (Korschenbroich, Karte 4, A16)
Die Straße liegt vor dem Bahnhof Korschenbroich.

Am Bilderstock (Glehn, Karte 9, D34)
Der Name kommt aus dem Urkeltischen und setzt sich aus folgenden Bestandteilen zusammen:
Bil = bail = Haus; der ◇ desos = Gott; stöckchen = stoukki = Zinne; txoko = ureuropäisch für Winkel, Ecke, das abgeschrägte Dach der Fußfälle: also „Haus Gottes mit Zinne" (11)

Am Birkenbusch (Liedberg, Karte 6, E21)
Benannt nach einem buschigen Gelände, in dem irgendwann vorwiegend Birken standen. Nördlich der B230 in Schlich.

Am blauen Stein (Glehn, -)
Keine Straße, sondern der Name einer Flur, die sich zwischen Epsendorf und Kompostierungsanlage befindet. (1)

Am Brauhaus (Korschenbroich, Karte 4, B16)
In Erinnerung an die Hannenbrauerei, die dort vor dem Umzug nach Mönchengladbach stand und dann 1985 abgerissen wurde.

Am Buscherhof (Glehn, Karte 8, B32)
Dieser Weg erinnert an den nicht mehr existierenden Buscherhof, welcher im ehemaligen Glehner Moorgebiet versunken sein soll. (1)
Bis 1975: Jahnstraße

Am Dyckerholz (Liedberg, Karte 5, E20)
Straße am Waldrand von Drölsholz (1)
Bis 1975 hieß ein Teil der Straße Lehmstraße

Am Dyckershof (Pesch, Karte 5, D20)
Pesch, zwischen Drölsholz und Weißer Weg, benannt nach dem ehemaligen Dyckershof.

Am Ehrenmal (Korschenbroich, Karte 1, E3)
Nimmt Bezug auf die Gefallenengedenkstätte Ecke Schaffenbergstraße /
Am Ehrenmal in Herrenshoff.

Am Eichengrund (Pesch, Karte 5, C18)
Der Eichengrund ist ein kleiner Eichenwald mit z. Zt. hohem
Baumbestand und darin einem Kirmesplatz. Die an einer Seite daran vorbei
führende Straße trägt diesen Namen.

Am Fleckenhaus (Glehn, Karte 6, F24)
Eine kurze Straße mit reiner Wohnbebauung in der Nähe von Haus Glehn,
auch Fleckenhaus genannt. Die ältere Geschichte des Hauses ist nicht mehr
zu rekonstruieren. Man weiß nur, dass ein Dietrich Fleck von der Balen
(+1584) um 1560 das heute noch stehende Schloß nach dem Brand eines
älteren Hauses baute. (12)

Am Fliethbach (Liedberg, Karte 5, E20)
Benannt nach einem Graben, der Flieth, im weiteren Verlauf auch Flöt
genannt, der Drölsholz und Pesch nach Norden entwässert.

Am Getau (Korschenbroich, Karte 5, C18)
Im Andenken an die zahlreichen Weber in Korschenbroich, die im acht-
zehnten und neunzehnten Jahrhundert Leinen besonderer Qualität her-
stellten, nannte man eine Straße nach den Webstühlen, Gezauhren oder
„Getauen" (4).

Am Graben (Korschenbroich, Karte 1, E4)
Bei dem Graben handelt es sich um den Herzbroicher Graben, ein zwar
normalerweise trockener Bach, der bei Überflutungen aber beträchtliche
Wassermengen aufnehmen kann. Er kommt von Gilleshütte, über Klip-
pertzmühle, Fragenhütte, Herrenshoff und Herzbroich und mündet bei
Wasserflut in der Nähe von Lodshof in die Triet.
Bis 1975: Gartenstraße

Am Grootes (Glehn, Karte 8, A29)
Der Name stammt aus dem Urkeltischen: grotos $\diamondsuit$ gortos = Garten, Feld.
(11)

Am Hagelkreuz (Glehn, Karte 8, A31)
Der Name Hagelkreuz ist aus dem Urkeltischen abzuleiten: urk. aku(lena)
= spitz, scharf, (Dornen), cymrisch hogal, hogal wurde ins Germanische
übernommen und dann regelgerecht zu Hagel umgeformt. Also kein Hagelkreuz, sondern ein Dornenkreuz,
Bedeutung „Kruzifix mit Dornenkrone". (11)

Am Hallenbad (Kleinenbroich, Karte 3, F9)
Die Straße ist benannt nach einem in der 1960er Jahren gebauten Hallenbad. Als das Bad in den 1990er Jahren stillgelegt und abgerissen wurde,
blieb der Name erhalten.

Am Heisterdahl (Glehn-Lüttenglehn, Karte 9, D36)
Der Name ist zusammengesetzt aus Heister = Baumgruppe, Strauch und
dahl, was nichts mit Tal zu tun hat, sondern mit urkeltisch dal = Landgut:
Sinn also „Bauernhof mit Bäumen"
Bis 1975: Epsendorfer Weg

Am Henskes Hof (Pesch, Karte 5, B20)
Bebauungsgebiet auf dem ehemaligen Gelände der Sauerkrautfabrik Bolten
in Pescher Engbrück, benannt nach dem ehemaligen Henskes Hof. (1)
Der Hof lag in Pesch Engbrück in der Flur „Im Henskes Fahrloch".
Fahrloch bedeutet soviel wie Wasserloch; „Fahr" von urkeltisch var, ver =
Wasser; „loch" von urkeltisch, schottisch-irisch loch = Wasser, See, ver-
wandt lateinisch lakus = See, Teich.

Am Heyerhof (Korschenbroich, Karte 1, E3)
Der Heyerhof wurde 1647 errichtet und an Bauern verpachtet.
Er war ein Einzelhof in der Bauernschaft Herzbroich nördlich von Kor-
schenbroich. Er gehörte bis 1794 zur reichsunmittelbaren Herrschaft Myl-

lendonk. Heute steht der Hof im Rheinischen Freilichtmuseum Kommern.
(1)
Abgesehen davon, dass Heyer der Familienname des Hofes war, läßt sich
Heyer wie folgt erklären: Hey, Heien von urkeltisch seno =Ältester,
(s > h). (11)

Am Hommelshof (Korschenbroich, Karte 5, B18)
„Am Hommelshof" bezeichnet eine Straße, die nach dem nicht mehr bestehenden Hommelshof benannt wurde. Seit wann dieser Hof existierte, kann
nicht mehr rekonstruiert werden.
Erst ab 1793 und der Geburt von Catharina Küppers wird der Hommelshof
namentlich erwähnt. Bis 1955 war der Hof
bewirtschaftet. 1970 wurden die Ställe und die Scheune abgerissen.
Der Haupterwerb des Hofes war aber nicht die Landwirtschaft, sondern die
Ziegelei. Diese wurde bis 1914 betrieben und 1930 endgültig aufgegeben.
Im Korschenbroicher Sprachgebrauch war der Hof als „Hommeshof" bekannt, da das „l" häufig weggelassen wurde. (1)

Am Hoppbruch (Glehn, Karte 5, F18)
Der Name kommt von urkeltisch soqo = Harz, cymrisch s > h und q > p,
Bedeutung Kiefern, „Föhren im Tal, im Bruch". (11)
Bis 1975: Am Sportplatz

Am Jüchener Bach (Karte 6, B22)
Die Straße hat ihren Namen nach dem in der unmittelbaren Nähe vorbeifließenden Jüchener Bach.

Am Kamberg (Pesch, Karte 5, C19)

Es stand dort der Hof Kamberg als Fachwerkbau im altsächsischen Stil,
erbaut 1664, der um 1965 baufällig war, einstürzte und abgerissen wurde.
Um 1689 wird eine Familie Kamberg erwähnt. (4)

Am Kerper Weiher (Glehn, Karte 9, C33)
Geht auf ureuropäisch harrapatu = fangen, schnappen, plündern zurück,
Weiterentwicklung über garbitu zu Kerper, vgl. lateinisch carpere = abpflü-
cken; man hat also im Kerper Weiher Fische gefangen. (11)

Am Kirchkamp (Karte 8, C32)
Es ist nicht sicher, ob die Flur namens Kirchkamp auf Besitz der Kirche
zurückgeht; eine Verballhornung (Entstellung) könnte aus Kirskamp entstanden sein, was nasses Gelände bedeutet; aber auch urkeltisch korkjo=
Hafer, cymrisch (= walisisch) ceirch, cornisch (Cornwall) keirch ist möglich, dann also eigentlich Haferkamp. Kamp von ureuropäisch canabera =
Rohr, Schilf, urkeltisch > kumba, komba = Tal. (11)

Am Kirsmichhof (Korschenbroich, Karte 5, B17)
Der Name des Hofes bewahrt die Erinnerung an einen alten Namen des
Ortes Korschenbroich. 1341 hieß Korschenbroich „Kirsmich". Kirs deutet
auf nasses Gelände hin und läßt sich auf ureuropäisch /vaskonisch keru =

Gestank zurückführen und „mich" bzw. „mecke" ist eine andere ureuropäische und im Sauerland häufige Form von beck = Bach. Also Hof am Kirsbach. (11)

Am Kuhlenhof (Korschenbroich, Karte 4, B16)

Der Kuhlenhof ist nach einem Besitzer Johann Georg Kuhlen benannt, der die Ämter des Vogtes und Amtmanns in der Herrschaft Myllendonk innehatte und den Kuhlenhof von 1708 bis 1738 besaß. (19)

Es soll eines der ältesten Gebäude Korschenbroichs sein.

Am Kutscher (Liedberg, Karte 5, E20)
Das Wort Kutscher hat hier nichts mit Kutsche zu tun; der Ausdruck bezieht sich vielmehr auf den Graben zwischen Haus Raedt und Haus Kutscher, der nach dem Ureuropäischen kutsa = verunreinigen, verschmutzen benannt ist. Das paßt, denn hier ist früher der Schelsener Bach geflossen, als vermutlich schmutziges Gewässer. (8)

Am Lindenhof (Kleinenbroich, Karte 6, A22)
Die Straße hat ihren Namen von der nahen Kleinenbroicher Gaststätte „Lindenhof".

Am Lohschälerhof (Kleinenbroich, Karte 6, B21)
Der Name hält die Erinnerung an einen Hof wach, dessen Arbeitsgebiet das Schälen der Eichenrinde (Lohe) zu Zwecken der Gerbung war. Siehe auch die Straße „In der Lohe".

Am Markt (Liedberg, Karte 07, B28)
Hier ist der zentrale Platz in Liedberg gemeint
.

Am Menerskamp (Glehn, Karte 9, D34)
Diese Flurbezeichnung lässt sich auf den Namen eines Hofes („Mener")
zurückführen. (1) „Kamp" bedeutet hier Feld, ursprünglich aber Tal.

Am Rüttersweg (Korschenbroich, Karte 04, B16)
Standort eines ehemaligen Hofes gleichen Namens. (1)

Am Spinngraben (Glehn, Karte 8, B32)
Der Name rührt von urkelt. s(p)eano = Fingerhut (Blumenname) her. Ein
Graben, in dem in früherer Zeit Fingerhüte standen. (11)

Am Sportplatz (Liedberg, Karte 4, C16)
Name ist selbsterklärend

Am Steg (Korschenbroich, Karte 2, E6)
Es handelt sich nicht um einen Steg über ein Gewässer, sondern wieder
einmal um ein urkeltisches Wort, das entstellt wurde. Urkelt. tegos = Haus,
mit einem vorangesetzten S ergibt Steg. Also „Am Haus". (11)

Am Stepprather Hof (Kleinenbroich, Karte 3, E10)

Der Stepprather Hof war ein Salhof.

1508 wird ein Johann von Stepprath als Burgmann von Liedberg erwähnt.
Die Burgmänner waren für eine gewisse Zeit zur Burghut auf Schloß Liedberg verpflichtet.

1633 wird das Haus Stepprath als Burglehen erwähnt.
Zwischen 1643 und 1656 gehörte der Hof dem in spanischen Diensten stehenden Hauptmann Paul Friedrich von Stepprath.
Nach 1700 wurde der Hof von einer Familie Gens gepachtet und 1835 ge-
kauft. Kurz vor dem 1. Weltkrieg brannten die Wirtschaftsgebäude völlig
nieder.
Das Anwesen wurde nun von einem bereits vorher neu erbauten Hof aus
bewirtschaftet. Dieser Hof wurde Anfang der 1970er Jahre abgerissen,
nachdem die Familie Gens 1972 zur Antoniusstraße ausgesiedelt war. 1976
endete die Bewirtschaftung endgültig. (12)
Stepprath ist ein ureuropäisches Wort und besteht aus den beiden Bestandteilen stepp, stapp = txapeldun = Sieger und rath = az, ath = stark, Burg,
also eine Festung aus prähistorischer Zeit. (11) Man erkennt heute noch die
Reste eines weitausgedehnten Grabensystems um den Hof.

Am Stirkenbend (Kleinenbroich, Karte 3, F9)
Stirken ist ein ehemaliger Familienname. Die Felder, die dieser Familie
gehörten, wurden nach ihr benannt. (1)
Stirken als Bestimmungswort zu Bend sagt etwas aus über die Art des
Bend. Stirk bedeutet Schmutz, Schlamm und ist verwandt mit
lateinisch stercus = Schmutz.
Das Wort kommt aus dem Ureuropäischen zerri = Schwein, Z = T,
also terri mit Anlaut – S ergibt ster + Plural-k > sterk wie im Lateinischen.
Also ein Bend, in dem Schweine gehalten wurden oder ein Bend, das
schlammig-schmutzig war. (11)

Am Taubenschlag (Pesch, Karte 5, C18)
Der Name hat einen urkeltischen Hintergrund. Tauben ist entstellt aus
„duv" = dunkel und schlag wiederum entstellt aus schlad, slot = Röhricht:
also „dunkles Röhricht". (11)

Am Trietenbroich (Korschenbroich, Karte 4, E14)
Der Name Trietenbroich, Broich der Triet, leitet sich ab von keltisch triet =
Schmutz, Kot, ndt. driet.
Bis ins 18. Jahrhundert hieß Trietenbroich auch Trieftenbroich, Trieft von
ureurop. tripaki = Kutteln, also ebenso Kotbach. Die Oberläufe der Flüsse
hatten oft den Namen Trieft, treff, denn sie führten häufig wenig Wasser,
das stinkend träge abfloß. (11)

Am Waldfriedhof (Korschenbroich, Karte 1, F3)
Der Waldfriedhof wurde 1937 bis 1939 neu angelegt.
Vorher wurde der Friedhof an der Pescher Straße benutzt (ab 1823), davor
ein Friedhof unmittelbar um die Kirche, ein Kirchhof.

Am Wienandshof (Korschenbroich, Karte 4, B 14/15)
Der Wienandshof hat seinen Namen von "veis = kelt. fließen und nant =
kelt. = Tal". Er liegt nahe an der Niers und ist rundum von Wassergräben
umgeben. Neben ihm liegt der sogen. Löwen- oder Lievendaler Weiher,
ein ehemaliges Viereck von Wassergräben mit Überfahrt, -heute leider
zugeschüttet-, das vielleicht früher einmal ein Herrenhaus schützte.
Ein Viereck von Wassergräben ist andererseits eine typisch ureuropäische
bzw. vaskonische Verteidigungsanlage, die deshalb schon mehrere Tausend
Jahre alt sein kann. Als alter Herren- oder Rittersitz war das Ganze schatz-
d.i. steuerfrei, als lehnsfrei auch nicht den Landesgesetzen unterworfen.
(5)

Am Zalfenhof (Pesch, Karte 5, C18)
Im Gegensatz zu der geläufigen und auch einsichtigen Deutung als „Zum
Halfen", also einem Hof, der von einem Halbwinner geführt wird, steckt
doch ein indogermanisches calven dahinter.
Dieses von urkeltisch kalamon, kulmo= Halm, Stroh, neucymrisch calaf,
calven, oder calfen, das zu Zalfen (Zetazismus) wurde, siehe auch Kälberbend, Kälberdonk, keltisches calv = Rohr, Binse zu Kalb entstellt. (11)

Am Zollhaus (Korschenbroich, Karte 1, E3)
Die Straße liegt gegenüber dem alten Zollhaus. Schon im 13. Jhd. ließen
sich die Landesherren Zoll und Weggeld zahlen.

Durch das Gebiet der Herren von Myllendonk führte eine Handelsstraße, der alte Heerweg.
Das erste Zollhaus befand sich in der Pescher Engbrück an der Grenze zu Kleinenbroich.
Im Zuge der Streitigkeiten um Pesch verlegte man Anfang des 18. Jhd. die Zollstelle nach Herrenshoff.
1747 riß ein Sturm das Haus nieder. 1750 wurde es wieder erbaut, 1752 entstand die Scheune. Die ehemalige Zollstation steht auf der Zollhausstraße in Herrenshoff. (12)

An den drei Steinen (Korschenbroich, Karte 1, E3)
Vermutlich ist der Name eine Entstellung, die auf urkeltische
Wurzeln zurückgeht. Drei zu dreg, cymrisch draen, urkeltisch dragino =
Schwarzdorn und Steinen von urkeltisch tenovo = Fluß, erweitert um ein
Anlaut-S zu (s)tenovo >Stein. Bedeutung also „Schwarzdorn-Fluß" (11).

An der alten Post (Korschenbroich, Karte 4, B16)
Die alte Post befand sich auf der jetzigen Hindenburgstraße /Ecke Am
Brauhaus.

An der Au (Glehn, Karte 8, A30)
Die von wechselnden Hoch- und Niedrigwasser geprägte Niederung an
Bächen und Flüssen nennt man eine Aue, auch eine natürliche Bewaldung
entlang von Bächen und Flüssen, hier ist der Kommerbach gemeint. Aue
von ureuropäisch apa > aba > av > au = Bach.

An der Bachaue (Glehn, Karte 6, F24)
Die von wechselnden Hoch- und Niedrigwasser geprägte Niederung an
Bächen und Flüssen, hier ist der Jüchener Bach gemeint.

An der Blankstraße (Korschenbroich, Karte 5, B18)
Die heutige Pescher Straße hieß 1810 zumindest in dem Teil, an den die
heutige Straße „An der Blankstraße" angrenzt, „Plankstraße". Aus „An der
Plankstraße" wurde „An der Blankstraße". Blank bedeutet offene waldfreie
Fläche.

An der Bleiche (Liedberg-Steinforth, Karte 7, E28)
Es gab früher in jedem Ort Gewässer und Plätze, an denen Textilien, meist
Halbfabrikate, gebleicht wurden. Dabei wurden Wäschestücke oder Textili-
en aller Art auf den Flußwiesen in der Nähe von Waschstellen außerhalb
der Städte ausgelegt, um farbige Restsubstanzen durch die Wirkung der
Sonne auszubleichen. Hier ist eine ehemalige Bleiche in der Nähe des
Kommerbaches gemeint.

An der Hofesfeste (Liedberg, Karte 5, F19)
In Steinhausen waren bis Mitte des 19. Jahrhunderts Reste einer alten
Burg vorhanden und sie ist noch heute als Bodendenkmal in der Denkmal-
liste eingetragen. Auf alten Karten von Anfang des 19. Jahrhunderts ist sie
noch zu finden. Nach der Burgenkunde wird als Hofesfeste eine einfache
schlichte Burganlage in Form eines mittelalterlichen Gehöfts bezeichnet.
Die ehemalige Burg Steinhausen dürfte einer solchen Hofesfeste in Größe
und Bedeutung entsprochen haben. (8) (1)

An der Insel (Korschenbroich, Karte 5, A18)
Diese Straße bezeichnet ein Gebiet, das höher liegt als seine Umgebung. (1)
Das Gebiet westlich der Straße „An der Insel" war in früheren Jahrhunderten oft eine Insel umgeben von Wasser, so war die Neusser Straße früher
auf einem Teilstück, der Hüll, eine sogenannte „Wasserstraße".

An der Kapelle (Pesch, Karte 5, C18)

Die Kapelle, die hier gemeint ist, „Mutter vom guten Rat", steht an der Pescher Straße vor der Pfarrkirche.
Bis 1975: Kirchstraße

An der Kreuzkapelle (Korschenbroich, Karte 5, B17)

Die Straße liegt unmittelbar neben der Kreuzkapelle in Engbrück.
Die Kreuzkapelle stand ursprünglich an der St. Andreas-Kirche und war früher einmal ein Beinhaus, in dem die ausgegrabenen Gebeine aufbewahrt wurden. Man baute sie 1909 ab und an der Engbrück wieder auf.

An der Ladestraße (Kleinenbroich, Karte 6, A21)
Die Bahnhofstraße liegt eigentlich näher als die Ladestraße.
Vermutlich wollte man Verwechslungen vermeiden.

An der Lohe (Kleinenbroich, Karte 6, B21)
Lohe ist eine Bezeichnung für Eichenrinde, die bei der Gerberei Verwendung fand. Der Straßenname hält die Erinnerung an eine frühere Bewaldung mit Eichen in der Bachaue des Jüchener Baches wach. Siehe auch Hochstraße.

An der Mühle (Liedberg, Karte 5, F19)

Gemeint ist die alte Dampfmühle in Liedberg. Sie wurde 1855 von der Müllerfamilie Compes nach Aufgabe der Liedberger Windmühle erbaut. Sie ging 1899 an Adam Wintges über und war bis 1979 in Betrieb.
Als Nachfolgerin der alten kurfürstlichen Mühle auf Liedberg trägt sie über ihrem Eingang deren letztes erzbischöfliches Wappen. (4)
Bis 1975: Mühlenstr.

An der Niersaue (Korschenbroich, Karte 4, B15)
Bezeichnet eine Ortslage im oder in der Nähe des Tales der Niers

An der Sandkaule (Glehn, Karte 9, D33)
Der Name ist abzuleiten aus dem Urkeltischen kolia = Höhle, Magazin, ebenso das deutsche Kuhle stammt daher. Siehe auch Grundbedeutung toll = urkeltisch Loch. Meist verbunden mit Sand.
Vor 1933: Heckenend
Von 1933-1945: Herbert-Norkus-Straße,
Von 1945-1975: Heckenend
Ab 1975 an der Sandkaule (7)

An der Sandkuhle (Korschenbroich, Karte 4, B16)
Siehe „An der Sandkaule"

An der Schmelze (Glehn, Karte 8, D32)
Durch den Straßennamen „An der Schmelze" wird an eine jahrzehntelange industrielle Nutzung des Grundstückes durch den Betrieb einer Fettschmelze erinnert. (1)

An der Synagoge (Korschenbroich, Karte 4, B16)
In der Nachbarschaft lag das Gebäude der jüdischen Synagoge, die

34

1938 in der Progromnacht verwüstet wurde, im Krieg als Gefangenenlager
diente und später abgerissen wurde.

An der Tränke (Liedberg, Karte 7, B28)
An dieser Straße lag früher in Liedberg ein Weiher, genannt die Tränke,
weil dort das Vieh getränkt wurde (3).
Bis 1975: Schulstraße

Anemonenweg (Korschenbroich, Karte 4, B15)
Zu den Frühjahrsblühern unter den Anemonen gehört etwa Anemone
nemorosa, das Buschwindröschen, das im März ganze Waldlichtun-
gen mit seinem weißen Blütenteppich bedeckt.
So sieht man im Frühjahr im Hannenpark in Korschenbroich die
weißen Blüten, solange die ersten Sonnenstrahlen noch durch das
lichte Laubdach der Bäume nach unten dringen.(13)

An Heldsmühle (Korschenbroich, Karte 4, C16)
Hier befand sich im 19. Jahrhundert eine Mühle, die zuletzt einem Müller
namens Held gehörte und die durch einen Seitenarm der Triet Wasser erhielt zum Betrieb der Mühle. Der Mühlenweiher befand sich hinter Haus
Nr. 23. Die Mühle ist in der zweiten Hälfte des 19. Jahrhunderts abgebrannt
und nicht mehr aufgebaut worden, da der Wasserzufluß zu unregelmäßig
und damit die Wirtschaftlichkeit stets gefährdet war. (5)

An Ruhren (Korschenbroich, Karte 1, E3)
Hat den Namen vermutlich von einem alten prähistorischen Wasser- und
Sumpfwort „rur". Im Baskischen heißt ur = Wasser, in dem älteren ureuro-
päischen Sprachstand rur = ur mit Anlaut-R; Ruhren bedeutet demnach
„Gewässer". (11)

Annastraße (Glehn, Karte 8, A31)
Benannt nach St. Anna, der Mutter der Maria. Die Annastraße liegt im
Glehner Viertel der heiligen Frauen.

Anne-Frank-Straße (Kleinenbroich, Karte 3, F10)
Anne Frank, 1929-1945, deutsch-jüdisches Mädchen, das 1934 mit seinen

Eltern in die Niederlande auswanderte, um der Verfolgung durch die Nationalsozialisten zu entgehen,
und kurz vor dem Kriegsende dem nationalsozialistischen Völkermord zum Opfer fiel.
Das nach dem Kieg von ihrem Vater Otto Frank veröffentlichte Tagebuch der Anne Frank gilt als ein
historisches Dokument aus der Zeit des Völkermords
und die Autorin als Symbolfigur für alle Opfer der
Vernichtungspolitik der Zeit des Nationalsozialismus. (13)

Antoniusstraße (Kleinenbroich, Karte 6, A22)
Benannt nach Antonius von Padua, (* um 1195 in Lissabon, +13. Juni 1231
in Padua, Italien) gilt als Patron der Armen und Sozialarbeiter, der Bäcker,
Bergleute, Schweinehirten (Ferkestünn) und Reisenden, gegen Pest und
Viehkrankheiten und viele andere Nöte. (13)

Arndtstraße (Korschenbroich, Karte 5, B17)

Ernst Moritz Arndt (* 26. Dezember 1769 in Groß-
Schoritz auf Rügen, damals Schwedisch-Pommern; †
29. Januar 1860 in Bonn) war ein deutscher Schriftsteller und Abgeordneter der Frankfurter Nationalver-
sammlung. Er widmete sich hauptsächlich der Mobili-
sierung gegen die Besatzung Deutschlands durch Na-
poleon. Er gilt als einer der bedeutendsten Lyriker der
Epoche der Freiheitskriege (13)

Asternweg (Kleinenbroich, Karte 3, F9)
Nach der Blume "Aster", im Blumenviertel in Kleinenbroich.

Auf dem Kamp (Glehn, Karte 6, F24)
Das Wort hat nicht direkt etwas zu tun mit der lateinischen Form „campus",
obwohl verwandt.

Kamp hat sich ursprünglich von ureuropäisch kanabera = Röhricht, Schilf
und weiter über das Urkeltische zu kumba, komba = Tal entwickelt, daraus
ist germanisch-deutsch Kamb, Kamff und Kamp geworden. Das Lateinische campus ist eine Parallelentwicklung aus der gleichen Wurzel.

Auf den Kempen (Kleinenbroich, Karte 3, F9)
Kempen läßt sich von ureuropäisch kanabera = Rohr, Schilf ableiten.
Siehe auch "Auf dem Kamp".

Auf der Boom (Kleinenbroich, Karte 3, F9)
Der eigenartige Name läßt sich auf urkeltisch bonu = Wurzelstock, das
untere Ende, also tiefliegendes Land zurückführen. (11)

B

Bachstraße (Glehn, Karte 8, B32)
In Anlehnung an den nahe gelegenen Jüchener Bach.
Von 1933-1945: Horst-Wessel-Straße

Bahnhofstraße (Kleinenbroich, Karte 6, B21)

Mitte des 19. Jahrhunderts gründete sich die Aachen-Düsseldorfer-Eisenbahn-Gesellschaft mit dem Ziel, eine Verkehrsverbindung zwischen diesen beiden Städten einzurichten. Diese Strecke sollte auch die Städte Mönchengladbach und Neuss verknüpfen. Am 17. Januar 1853 wurde die Bahn in Betrieb genommen. In Kleinenbroich war die einzige Haltestelle zwischen Neuss und Mönchengladbach eingerichtet worden.

Das Kleinenbroicher Empfangsgebäude ist als einziger intakter Bahnhofs-
bau dieser Strecke aus jener Zeit erhalten geblieben und steht heute unter
Denkmalschutz. Über die Kleinenbroicher Bahnstation wurden auch die
Gemeinden Korschenbroich und Büttgen mit Post und Gütern versorgt.
1870 erhielt Korschenbroich, das 3/4 des Post- und Güterverkehrs dieser
Bahnstation stellte, eine eigene Haltestelle. (12)

Bahnstraße (Pesch, Karte 5, A20)
Benannt nach der nahe gelegenen Bundesbahnstrecke.

Bauernhütte (Liedberg, Karte 5, F19)
Der Name ist selbsterklärend aus Bauer und Hütte, Hütte war ein einfaches
Wohngebäude, in dem ein Herdfeuer brannte; Hütte von ureurop. sutondo =
Kamin, sut = hut = Hütte (s = h). (11)

Bauesweg (Korschenbroich, Karte 1, D2)
Benannt nach einer Korschenbroicher Familie, die über Generationen hier
lebt. (1) Sofern der Weg nicht nach dem Familiennamen Baues benannt
worden ist, sondern einen geographischen Hintergrund hat, sich vielleicht
auf einen Flurnamen bezieht, könnte baues von urkeltisch bos = Huf, Klau-
en herrühren und damit auf einen Viehtrieb, Viehweg hindeuten. (11)

Baumsweg (Kleinenbroich, Karte 6, A22)
Eine Erklärung des Namens ist nicht bekannt.
Es wird daher vermutet, dass es sich um einen alten Flurnamen handelt.
Dann ist Baums als urkeltisch bonu = Wurzelstock, das untere Ende zu
deuten. Also eine tiefliegende Flur, in der die Straße ihren Ausgangspunkt
hat. (9)

Bärlauchweg
Der Bärlauch ist eine Pflanzenart aus der Gattung *Allium* und somit verwandt mit Schnittlauch, Zwiebel und Knoblauch. Die in Europa und Teilen
Asiens vor allem in Wäldern verbreitete und häufige, früh im Jahr austrei-
bende Pflanzenart ist ein geschätztes Wildgemüse und wird vielfach ge-

sammelt. Bärlauch wird auch *Bärenlauch,*[1] *Knoblauchspinat, wilder Knoblauch, Waldknoblauch,* genannt. (13)

Beethovenweg (Kleinenbroich, Karte 3, E10)

Ludwig van Beethoven, 1770-1827, Komponist. Er gilt als der Komponist, der die Musik der Wiener Klassik zu ihrer höchsten Entwicklung geführt und der Romantik den Weg bereitet hat. (13)

Bendgasse (Glehn, Karte 8, A31)
Bend ist eine rheinische Bezeichnung für eine Talaue, die aus Wiesen besteht. Das Wort kommt aus dem Ureuropäischen pentze = Wiese.

Bendstraße (Glehn, Karte 8, A31)
Erklärung siehe Bendgasse

Berliner Straße (Kleinenbroich, Karte 6, A21)
Benannt nach der Bundeshauptstadt Berlin.
Vor 1975: Eichendorfstraße

Berta-von-Suttner-Straße (Korschenbroich, Karte 4, C16)

Berta von Suttner, 1843-1914, österreichische Pazifistin, Friedensforscherin und Schriftstellerin. Weltbekannter Roman: "Die Waffen nieder".

Bertha von Suttner wurde 1905 mit dem Friedensnobelpreis ausgezeichnet. (13)

Birkenhof (Kleinenbroich, Karte 3, D10)
Name eines Aussiedlerhofes in Kleinenbroich.

Birkenweg (Kleinenbroich, Karte 6, B22)
Benannt nach den Birken, die den Weg heute noch säumen.

Birkhofstraße (Glehn, Karte 9, A35)
Benannt nach dem Rittergut Birkhof.
Vor 1975: Büttgerweg

Bismarckstraße (Kleinenbroich, Karte 6, B21)

Otto von Bismark-Schönhausen, 1815-1898, war von 1862 bis 1890, mit einer kurzen Unterbrechung im Jahr 1873, Ministerpräsident von Preußen und zugleich von 1867 bis 1871 Bundeskanzler des Norddeutschen Bundes sowie von 1871 bis 1890 erster Reichskanzler des Deutschen Reiches, dessen Gründung er maßgeblich vorangetrieben hatte.
Als Politiker machte sich Bismarck im preußischen Staat zunächst als Vertreter der Interessen der Junker im Kreis der Konservativen einen Namen und war während der Reaktionsära Diplomat (1851–1862).
1862 wurde er zum preußischen Ministerpräsidenten berufen. Im preußischen Verfassungskonflikt kämpfte er gegen die Liberalen für den Primat der Monarchie.
Als Außenminister setzte er im Deutsch-Dänischen Krieg und im Deutschen Krieg zwischen 1864 und 1866 die politische Vorherrschaft Preußens in Deutschland durch.
Im Deutsch-Französischen Krieg von 1870/71 war er als treibende Kraft an der Lösung der deutschen Frage im kleindeutschen Sinn und an der Gründung des Deutschen Reiches beteiligt. (13)
Früher: Neuer Weg
Bis 1975: Hindenburgstraße

Blankpfad (Glehn, Karte 8, A30)
Weg bei Schlich in Richtung Liedberg und Glehn. Blank bezeichnet eine
baumlose Fläche in der Flur. Ähnlich Plank, Blenk, Bleck und Blech.

Blausteinstraße (Glehn, Karte 9, D34)
Hier haben wir es vermutlich mit einer Entstellung eines
ursprünglichen Flurnamens zu tun, der aus ureuropäisch blai = triefnass
und ureuropäisch zingira = Sumpf, erste Silbe zin zusammengesetzt ist,
das weiterentwickelt zu tin und mit Anlaut-S im Deutschen zu Stein wurde.
„Blai" wurde zu blau, weil man den Ursprung nicht mehr verstand. Nachdem sich der deutsche Name „Blaustein" durchgesetzt hatte, glaubte man
darin einen Grenzstein zu erkennen, da manch ein Grenzstein aus Basalt die
Eigenschaft erfüllte (11).
Bis 1975: Mühlenstraße

Blecherstraße (Pesch, Karte 5, D20)
Der Name leitet sich ab von der Flur „Pesch Blech", einer baumlosen Fläche, auch oft Bleck, Blenk, Plank, oder Blank bezeichnet. Ihm liegt ureuropäisch bel-ar = Gras, az-piko = Futter, z=ch, zugrunde.(11)

Bleichstraße (Korschenbroich, Karte 5, C17)
Der Name bezieht sich auf die frühere Nutzung der ehemals
angrenzenden Wiesen, als die Weber ihre Erzeugnisse auf die Bleiche
brachten.

Blumenstraße (Kleinenbroich, Karte 3, F9)
Straßenname aus dem Blumenviertel in Kleinenbroich.

Borrenstraße (Korschenbroich, Karte 5, C17)
Benannt nach einem Borrenhof Ecke Sebastianusstraße, geht zurück auf
eine Familie Borren.
Von 1933-1945: Horst-Wessel-Straße (2)

Borrenweg (Korschenbroich, Karte 5, C17)
Siehe Erklärung unter „Borrenstraße".

Brauereistraße (Korschenbroich, Karte 4, B16)

Bezug auf die frühere Hannenbrauerei.

Brentanostraße (Kleinenbroich, Karte 6, B22)

Clemens Wenzeslaus Brentano, 1778-1842, Schriftsteller und neben Achim von Arnim der Hauptvertreter der sogenannten Heidelberger Romantik. (13)

Bruchstraße (Korschenbroich, Karte 4, D14)
Ist eine Straße am Rande des Bruchs in Neersbroich.
Bruch von ureuropäisch berrager = wieder auftauchen, berr zu br, und uholde = Überschwemmung, br-uh zu Bruch. Also ein Land, das zeitweise überschwemmt wird und wieder auftaucht. (11)

Buchenweg (Kleinenbroich, Karte 3, F9)
Benannt nach der Baumart „Buche", im Baumviertel in Kleinenbroich.

Büttger Weg (Glehn, Karte 9, B33)

Der Name Büttgen wird allgemein von Budica hergeleitet.
In verschiedenen Quellen wird Büttgen Budecho (1027), und Budeke (1249) genannt. (16)
In Büttgen könnte eine Wurzel bot, but stecken, mit einem Suffix k, das wie im Deutschen ein verkleinerndes Element anzeigt. „Bot" bedeutet im Altgälischen „haus", „budica" könnte also soviel wie „Häuschen" bedeuten.
Schließlich könnte Büttgen auch zu Puttschen in Rheydt gestellt werden, was eine jüngere Form als Büttgen darstellt.
Eine neue Deutung, die wir hier vorstellen wollen und die das Ureuropäische einbezieht, geht von buztinerre = Ziegelstein, buztinola = Ziegelei aus, z = t, seien es Ziegel aus Lehm oder gebranntem Ton, daraus ergibt sich der erste Teil von Büttgen.
Der zweite Teil gen findet sich in ureuropäisch gela, = gena, l = n, gela = Zimmer, Stube, Raum, (Haus) also „Ziegelhaus". (11)

Büttgerwald (Kleinenbroich, Karte 2, B6)

Büttgerwald bezeichnete lange Zeit ein Waldgebiet nördlich von Kleinenboich. Teile davon kamen später zu Kleinenbroich und Schiefbahn.

Buschweg (Glehn, -)

Dieser Weg erinnert an den nicht mehr existierenden Buscherhof, welcher im ehemaligen Glehner Moorgebiet versunken sein soll. (1).

C

Cecilienstraße (Glehn, Karte 8, B31)

Cecilia ist ein weiblicher Vorname und ist aus dem lateinischen Wort caecus abgeleitet, was blind bedeutet. Cecilia, das ist der Name des heiligen Cäcilia, der Schutzpatronin der Musik. (13)

Chopinweg (Kleinenbroich, Karte 3, E11)

Frederic Francois Chopin, 1810-1849, einer der einflußreichsten und popu-

lärsten Komponisten in Polen. Der Sohn eines Franzosen und einer Polin wuchs in Warschau auf, verbrachte sein Berufsleben größtenteils in Paris und gilt als
bedeutendste Persönlichkeit in der Musikgeschichte
Polens. (13)

Christine-Teusch-Straße (Korschenbroich, Karte 4, B16)

Christine Teusch, 1888-1968, Politikerin der Zentrumspartei und der CDU und von Dezember 1947 bis
1954 Kultusministerin in Nordrhein-Westfalen. (13)

Christophorusstraße (Kleinenbroich, Karte 6, A22)

Benannt nach dem Schutzpatron Christophorus, in
Anlehnung an die schon vorhandene Antoniusstraße,
zu deutsch „Christusträger", ist ein legendärer Heili-
ger des Christentums.
Er wird häufig als Hüne mit Stab dargestellt, der das
Jesuskind über einen Fluss trägt.
Er zählt zu den 14 Nothelfern und ist heute besonders
als Patron der Autofahrer populär. (13)

Clara-Schumann-Straße (Korschenbroich, Karte 4, B15)

Clara Schumann, 1819-1896, Pianistin und Komponistin und die Ehefrau des Komponisten Robert Schumann.
Nach einer großartigen künstlerischen Karriere zusammen mit ihrem Mann, sorgte sie nach dem Tode ihres Mannes selbständig für ihre große Familie. Johannes Brahms war mit ihr freundschaftlich und unterstützend verbunden. (13)

Clara-Viebig-Straße (Korschenbroich, Karte 4, B16)

Clara Viebig, 1860-1952, naturalistische Erzählerin, deren Werke Charakterzeichnungen von Frauen aus dem Volk sowie sozialkritische Themen um faßt, u.a. „Die Wacht am Rhein".
Ihr Werk gehörte um die Jahrhundertwende 1800/1900 in den bürgerlichen Haushalten zur Standardbibliothek. (13)

Clarissenstraße (Glehn, Karte 9, D34)

Der Zweite Orden des hl. Franziskus, der Orden der Clarissen, auch Seraphischer Orden genannt, wurde vom heiligen Franziskus und der heiligen Clara von Assisi (11931153) gegründet.

Unter dem Einfluß des heiligen Franziskus entschloss sich Clara von Favarone zu einem Leben in der Nachfolge Christi in evangelischer Armut. (13)
Die Straße in Epsendorfer hat dadurch ihren Bezug zu Clarissen, weil Epsendorf laut Dr. Jakob Bremer 1304 an das Kloster St. Klara in Neuß verkauft wurde, woher dann der Name Klarenhof kommt (heute Gehlenhof). (4)

D

Dahlacker (Liedberg, Karte 7, B28)
Das Wort dahl kommt aus dem Keltischen und bedeutet Landgut,
also nicht Tal, obwohl das Gelände in Liedberg am Hang tiefer liegt.

Dahlienweg (Korschenbroich, Karte 1, D3)
Ist eine Straße im Blumenviertel in Herrenshoff.
Vor 1975: Nelkenweg.

Daimlerstraße (Glehn, Karte 9, C33)

Gottlieb Wilhelm Daimler, 1834-1900, Ingenieur,
Konstrukteur und Industrieller.
Daimler entwickelte den ersten schnell laufenden
Benzinmotor und das erste vierrädrige Kraftfahrzeug
mit Verbrennungsmotor.
Daimler ist der Namengeber der Daimler AG. (13)

Danziger Straße (Korschenbroich, Karte 4, C16)
Danzig ist eine ehemalige deutsche Hafen- und Hansestadt, seit 1945 polnisch. Sie liegt westlich der Weichselmündung. (13) Die Danziger Straße hat ihren Namen zur Erinnerung an die ehemals deutsche Freie Stadt Danzig, deren Bewohner nach 1945 vertrieben wurden.

Dieselstraße (Glehn, Karte 9, C33)

Rudolf Christian Karl Diesel (1858-1913), Ingenieur
und der Erfinder des Dieselmotors. (13)

Dietrich-Bonhöffer-Straße (Kleinenbroich, Karte 6, B21)

Dietrich Bonhöffer, 1906-1945, lutherischer Theologe und profilierter Vertreter der Bekennenden Kirche und Teilnehmer am deutschen Widerstand gegen den Nationalsozialismus.

Mit 24 Jahren habilitiert, wurde Bonhoeffer nach Auslandsaufenthalten Privatdozent für Evangelische Theologie in Berlin sowie Jugendreferent in der Vorgängerorganisation des Ökumenischen Rates der Kirchen. Ab April 1933 nahm er öffentlich Stellung gegen die nationalsozialistische Judenverfolgung und engagierte sich im Kirchenkampf gegen die Deutschen Christen und den Arierparagraphen. Ab 1935 leitete er das Predigerseminar der Bekennenden Kirche in Finkenwalde, das, später illegal, bis 1940 bestand. Etwa ab 1938 schloss er sich dem Widerstand um Wilhelm Franz Canaris an. Am 5. April 1943 wurde er verhaftet und zwei Jahre später auf ausdrücklichen Befehl Adolf Hitlers als einer der letzten NS-Gegner, die mit dem Attentat vom 20. Juli 1944 in Verbindung gebracht wurden, hingerichtet. (13)

Dionysiusstraße (Kleinenbroich, Karte 6, A22)

Dionysios oder Dionysius ist ein männlicher griechischer Vorname.

Es ist der Name vieler Theologen, Bischöfe und Patriarchen und bezeichnet hier den Namenspatron der katholischen Pfarre Kleinenbroich.

Die alte Kirche in Kleinenbroich befand sich vor Haus Randerath.

Bereits 1854 war ein Neubau beschlossen worden, doch wurde erst am 14.5.1868 der Grundstein der St. Dionysius Kirche gelegt.

1870 konnte der erste Gottesdienst stattfinden. (1)

Vor 1975: Jahnstraße

Don-Bosco-Straße (Korschenbroich, Karte 4, B16)

Giovanni Melchiorre Bosco, 1815-1888, italienischer katholischer Priester und Ordensgründer.
Er wurde 1929 selig und 1934 heiliggesprochen.
Meist wird er Don Bosco genannt – nach der in den romanischen Sprachen gängigen Anrede Don bzw. Dom für römisch-katholische Priester. (13)

Donatusstraße (Korschenbroich, Karte 5, C18)

Donatus (von Münstereifel) (* um 140 n. Chr. in Rom; † vor 180) war vermutlich ein römischer Militär und ist ein katholischer Heiliger. (13)
Vor 1975: Friedensstraße

Dorfer Feldweg (Kleinenbroich, Karte 3, F10)
Der Dorfer Feldweg verläuft oberhalb der Siedlung; zwischen Feldweg und Siedlung befindet sich der kaum merkliche Hang der Talaue in Kleinenbroich

Dr.-Bremer-Straße (Liedberg, Karte 5, F19)
Zur Erinnerung an den Prälat und bekanntesten Heimatforscher Korschenbroichs Dr. Jakob Bremer (*1881 in St. Nikolaus, +1963 in Liedberg). Er wurde 1914 zum Priester geweiht und erhielt dann seine

erste Stelle als Kaplan in Eschweiler. Er hat mehrere Bücher zur Geschichte unserer Heimat verfasst, so von Liedberg, Myllendonk und Dyck. (1)

Drölsholz (Liedberg, Karte 5, F20)
Drölsholz wurde früher auch Drilsholz geschrieben; keltisch-cymrisch drill bedeutet „Teil einen Waldes". (11)
Vor 1975: Kleinenbroicher Straße

Drosselweg (Kleinenbroich, Karte 3, E10)
Benannt nach der Vogelart Drossel, im Vogelviertel in Kleinenbroich.

Düppheide (Kleinenbroich, Karte 3, E11)
Düpp läßt sich auf ureuropäisch tupina = Topf zurückführen, in der Düpp war also früher eine Töpferei. (11)

DüppheiderWeg (Kleinenbroich, Karte 3, E10)
Siehe unter Düppheide

Dycker Straße (Liedberg, Karte 8, E29)
Sie führt als K11 von Liedberg nach Schloß Dyck.

E

Edelweißweg (Kleinenbroich, Karte 3, F9)
Benannt nach der Blume „Edelweiß" im Blumenviertel in Kleinenbroich.
Vor 1975: Veilchenweg

Edith-Stein-Straße (Kleinenbroich, Karte 3, F10)

Edith Stein, 1891-1942, Philosophin, Nonne und Märtyrerin der katholischen Kirche, die sich aber auch als Jüdin fühlte. Seligsprechung durch Papst Johannes Paul II. 1987 und Heiligsprechung 1998 (13)

Eichendorffstraße (Kleinenbroich, Karte 3, F9)

Josef Freiherr von Eichendorff, 1788-1857, bedeutender Lyriker und Schriftsteller der deutschen Romantik. Er zählt mit etwa 5000 Vertonungen zu den meistvertonten deutschsprachigen Lyrikern und ist auch als Prosadichter (Aus dem Leben eines Taugenichts) bis heute gegenwärtig. (13)

Eichenweg (Kleinenbroich, Karte 3, F9)
Benannt nach der Baumart "Eiche", im Baumviertel in Kleinenbroich.

Eickerender Feld (Kleinenbroich, Karte 6, A22)
Der Name hat nichts mit Eichen oder Ende zu tun.
Er ist ureuropäisch eihera = Mühle, daraus wurde eicker, h > g > k.
Bend kommt von ureuropäisch pentze = Wiese, Binse, pentze wurde zu Bend und verlor zum Teil das anlautende B. Eickerend bedeutet also Mühlenbend.
Noch heute gibt es am Eickerend in der Nähe des Sportplatzes die Fluren "Mühlenkamp" und "Auf der alten Mühle". Und Bremer (4) bezeugt noch eine alte Ark (Stauwehr), die zu einer Mühle gehört hatte.

Eichhörnchenweg (Kleinenbroich, Karte 3, F9)
Benannt nach dem Säugetier „Eichhörnchen", im Viertel der heimischen Tierarten in Kleinenbroich.

Eifelstraße (Kleinenbroich, Karte 6, B22)
Benannt nach dem Gebirge „Eifel", im Gebirgeviertel in Kleinenbroich.
Der Name "Eifel" geht auf ureuropäisch abel-azkuntza = Viehzucht zurück.

Elisabeth-Selbert-Straße (Korschenbroich, Karte 4, B16)
Elisabeth Selbert, 1896-1986, deutsche Politikerin (SPD) und Juristin. Sie war eine der vier „Mütter des Grundgesetzes" – die Aufnahme der Gleich-

berechtigung in den Grundrechte-Teil der bundesdeutschen Verfassung war zum großen Teil ihr Verdienst. (13)

Elisabethstraße (Glehn, Karte 8, B31)
Im Viertel der Frauennamen in Glehn. Eine Elisabeth war die Mutter Johannes des Täufers.
Bis 1975: Uhlandstraße

Engbrück (Korschenbroich, Karte 5, B17)
„Engbrück" ist weder eine enge Brücke noch eine Endbrücke, es ist, da Brücke ein verballhorntes Broich bedeutet und eng auf bend zurückgeht, ein „Bendbroich." (11)

Enzianweg (Kleinenbroich, Karte 3, F9)
Benannt nach dem Enzian, einer Gebirgsblume, im Blumenviertel von Kleinenbroich.
Bis 1975: Tulpenweg

Epsendorfer Weg (Glehn, Karte 9, E33)
Der Name Epsendorf wird bisher üblich von „Äbtissinnendorf" abgeleitet, das ist möglich, aber nicht sicher. Denn auch eine ureuropische Deutung ist möglich; von epai = Schnitt und seinala = markieren, wie litauisch sena = Grenze. Dann ergäbe sich „Dorf an einer Grenze". (11)

Erika-von -Brockdorff -Straße (Korschenbroich, Karte 6, B 21)

Erika Gräfin von Brockdorff geb. Schönfeldt (* 29. April 1911 in Kolberg, Pommern; † 13. Mai 1943 in Berlin-Plötzensee) war eine deutsche Widerstandskämpferin..
Gräfin von Brockdorff gehörte zur Widerstandsbewegung der Roten Kapelle.
Ab 1941 stellte Erika Gräfin von Brockdorff ihre Wohnung in der Wilhelmshöher Straße 17 der Widerstandsgruppe um Hans Coppi für Funkversuche zur Verfügung. Am 16. September 1942 wurde sie verhaftet und in das

Frauengefängnis Charlottenburg in der Kantstraße 79 gebracht.
Sie wurde vom Reichskriegsgericht zu zehn Jahren Zuchthaus verurteilt.
Auf Drängen Hitlers wurde das Urteil im Januar 1943 in ein Todesurteil
umgewandelt. Am Abend des 13. Mai 1943 wurde sie im Strafgefängnis
Berlin-Plötzensee enthauptet[1]. (13)

Erlenweg (Kleinenbroich, Karte 3, F9)
Benannt nach der Baumart „Erle" im Kleinenbroicher Baumviertel.

Ernst-Barlach-Straße (Korschenbroich, Karte 4, C15)

Ernst Barlach, 1870-1938, Bildhauer, Schriftsteller
und Zeichner. Seine Skulpturen befinden sich in Güst-
row, Magdeburg, Kiel u.a.
In der Kölner Antoniterkirche befindet sich z.B. ein
Abguß der „Schwebenden". (13)

Eschenweg (Kleinenbroich, Karte 6, A21)
Benannt nach der Baumart „Esche", im Baumviertel in Kleinenbroich.

F

Feldstraße (Pesch, Karte 5, D19)
Die Straße führt ins Feld, ins Pescher Feld.

Fichtenstraße (Kleinenbroich, Karte 3, F9)
Benannt nach der Baumart „Fichte", im Baumviertel in Kleinenbroich.

Finkenweg (Korschenbroich, Karte 4, C16)
Benannt nach der Vogelart „Finken", im Vogelviertel in Korschenbroich.

Flachsbleiche (Korschenbroich, Karte 2, E6)
Die Straße wurde in Erinnerung an eine frühere Flachsbleiche in Raderbroich benannt.

Fledermausweg (Kleinenbroich, Karte 3, F9)
Benannt nach dem Kleinsäugetier „Fledermaus", im Viertel der heimischen
Tierarten in Kleinenbroich.

Forsterstraße (Glehn, Karte 8, B32)
Bezieht sich auf den Vorster Hof zwischen Glehn und Rubbelrath.
Andere Schreibweise ist Vorster und kommt einer ureuropäischen Deutung
näher. Vorst aus bortxa = Gewalt, Burg; kennzeichnend sind die fast
quadratischen Wehranlagen, meist Gräben, für diese prähistorischen Bur-
gen. (11)
Bis 1975: Gartenstraße

Fragenhütte (Korschenbroich, Karte 1, F3)
Fragen ist sowohl ein ortsbekannter Familienname als auch ein Flurname,
der aus dem Urkeltischen abgeleitet werden kann. Von urkeltisch vragi =
Hürde, irisch fraig = Wand aus Flechtwerk; sanskrit vraja = Hürde, Stall
(11).

Franz-Karl-Kremer-Straße (Pesch, Karte 5, C18)
Franz Karl Kremer, (*6.2.1844, +23.5.1914) war Oberpostschaffner und
Stifter eines Brunnens auf dem Kirchplatz. Er setzte in seinem Testament
seine Heimatgemeinde Pesch zur Universalerbin ein. (5)
Bis 1975: Birkenweg

Freiheitsstraße (Korschenbroich, Karte 5, B17)
Die Straße ist nach dem Ideal der Freiheit benannt.

Frieda-Kahlo-Straße (Korschenbroich, Karte 4, C15)

Frieda Kahlo de Rivera (*6. Juli 1907 in Coyoacan in
Mexiko-Stadt, +13. Juli 1954 in Mexiko-Stadt) war
eine mexikanische Malerin mit deutsch-jüdischen

Wurzeln. Sie zählt zu den bedeutendsten Vertreterinnen einer volkstümlichen Entfaltung des Surrealismus, wobei ihr Werk bisweilen Elemente der Neuen Sachlichkeit zeigte. (13)

Friedensstraße (Glehn, Karte 9, D33)
Die Straße ist nach einer früher am Kottenkamp stehenden
Friedenskapelle benannt. (7)
Vor 1933: Heckenend
1933-1945: Herbert-Norkus-Straße
1945-1975: Heckenend

Friedhofsweg (Kleinenbroich, Karte 6, C22)
Es ist der frühere Weg zum alten Friedhof in Kleinenbroich, der allerdings später durch die Schnellstraße L 281 unterbrochen wurde.

Friedrich-Ebert-Straße (Korschenbroich, Karte 5, A17)

Friedrich Ebert (*4. Februar 1871 in Heidelberg, +28. Februar 1925 in Berlin) war seit 1913 Vorsitzender der SPD und amtierte von 1919 bis zu seinem Tode als erster Reichspräsident der Weimarer Republik. Während des 1. Weltkrieges vertrat er im Innern die Politik des Burgfriedens, solange das Vaterland bedroht war. (13)

Friedrich- Kreutzer-Straße (Korschenbroich, Karte 1, B3)
Friedrich Kreutzer war Mitglied in kirchlichen Vorständen und im Kor-

schenbroicher Gemeinderat. Er war Landwirt aus Herrenshoff und Oberst der Schützenbruderschaft. (1) Friedrich Kreutzer starb 1943. Noch auf dem Totenbett forderte er seine Ge-

sprächspartner auf, man solle Sorge dafür tragen,
dass nach dem Krieg „Unges Pengste" wieder in Gang käme.
Sein legendäres Pferd „Gries" zog bei seiner Beerdigung den Leichenwagen und das treue Tier war anschließend kaum zu bewegen, vom Grab wegzugehen. (Josef Kamper, (13))

Fuchsstraße (Liedberg, Karte 5, F19)
Wie so oft ist der Name eine Entstellung einer alten cymrischen Bezeichnung. Der Name geht auf cymr. ffugio = Schmiede zurück.

Fürther Weg (Liedberg, Karte 8, B29)
Zufahrtsweg zum Haus Fürth, zwischen Glehn, Liedberg und Rubbelrath.

Fuggerstraße (Kleinenbroich, Karte 5, A20)

Jakob Fugger „von der Lilie" (auch genannt Jakob Fugger „der Reiche" oder seltener „Jakob II. Fugger"), 1459-1525.
Benannt nach dem ab dem 15. Jahrhundert zuerst in Augsburg ansässigen Kaufmannsgeschlecht,
das auch im Bergbau und im Bankgeschäft berühmt wurde. Bekanntester Vertreter der Familie war Jakob Fugger. Er trieb Handel mit Baumwolle, finanzierte häufig Fürsten, Könige und Kaiser und hatte ein umfangreiches Bergbauunternehmen, eines der größten und reichsten Unternehmen seiner Zeit. (13)

G

Gabriele-Münter-Straße (Korschenbroich, Karte 4, C15)

Gabriele Münter, 1877-1962, Malerin des Expressionismus, daneben zeichnete sie und betätigte sie sich auf dem Gebiet der Druckgraphik.
Als Lebensgefährtin des Malers Wassily Kandinsky rettete sie einen bedeutenden Teil seiner Werke

durch die Kriegs- und Nachkriegszeit und machte sie später der Öffentlichkeit zugänglich.

Da die staatlichen Kunstakademien vor 1900 noch Frauen verschlossen waren, besuchte sie ab 1897 eine Damenkunstschule in Düsseldorf. (13)

Gartenstraße (Kleinenbroich, Karte 6, B22)
Gärten gab es dort vor der Straßenbenennung kaum, wohl Felder der nahe wohnenden Landwirte.

Gertrudisstraße (Glehn, Karte 8, B31)
Gertrudis war eine von drei Töchtern des Hermann von Liedberg und seiner Frau Hadwig. Sie legte 1156 vor Erzbischof Arnold II (1151 – 1156) das Gelübde zum Eintritt in das Kloster Dünnwald bei Mülheim am Rhein ab, wo Ihre Mutter schon war. (4)

Geschwister-Scholl-Straße (Korschenbroich, Karte 4, C16)

Hans und Sophie Scholl wurden bekannt als Mitglieder der „Weißen Rose", einer in ihrem Kern studentischen Münchener Gruppe, die während des Zweiten Weltkriegs im Widerstand gegen den Nationalsozialismus aktiv war, insbesondere bei der Verbreitung von Flugblättern gegen den Krieg und die Diktatur unter Adolf Hitler.

Das Geschwisterpaar Hans und Sophie Scholl wurde am 18. Februar 1943 beim Auslegen von Flugblättern an der Münchner Universität überrascht und bei der Gestapo denunziert.

Bereits am 22. Februar 1943 wurden sie vom Volksgerichtshof unter der Leitung von Roland Freisler zum Tod verurteilt und noch am selben Tage im Gefängnis München-Stadelheim mit der Guillotine enthauptet. (13)

Gilleshütte (Korschenbroich, Karte 4, A15)
Der Name läßt sich ableiten von urkeltisch gelos = weiß, weiß auch in der

Bedeutung naß, vgl. Gillbach, und hütte von ureurop. sutondo = Kamin, Herdfeuer. Gilleshütte wäre demnach eine Hütte im Nassen (11).

Ginsterweg (Kleinenbroich, Karte 3, F9)
Benannt nach der Strauchblumenart „Ginster", im Blumenviertel in Klei-nenbroich.

Gladbacher Straße (Korschenbroich, Karte 4, A14)
Der Name Gladbach leitet sich ab von keltisch clado = graben, cymrisch claddu = gegrabenes Gewässer (11)

Glehner Straße (Kleinenbroich, Karte 6, C23)
Der Ortsname Glehn entspricht dem Bachnamen Glehne.
Damit verwandt sind die Bachnamen Glan und Gleene. Siehe auch Glon in Bayern, Glain in Belgien, Glene in England.
Die Namen kommen von urkeltisch glennos = Tal, ureuropäisch kanila = Wasserstrahl, vermutlich gleichbedeutend mit Strömung, mit Konsonan-tenumkehrung aus kanila > glen. (11)

Glehner Heide (Glehn, Karte 9, B33)
Das Gebiet „Glehner Heide" bildete das Kernstück der Glehner Allmende. Als Allmende bezeichnet man den gemeinschaftlichen Besitz eines Dorfes, Kirchspiels oder eines Hofverbandes an Wald, Heide und Weide, im Ge-gensatz zum Ackerland, das sich in privatem Besitz befand. Die Allmenden waren außerordentlich wichtige Bestandteile der älteren bäuerlichen Wirt-schaftsweise. (15) (1)
Bis zur Flurbereinigung in den 60er Jahren des vorigen Jahrhunderts besaßen die Glehner Hausstätten, die östlich des Jüchener Baches lagen, ihre Anteile an der Glehner Heide. Heinrich Janssen schreibt in seinen Er-innerungen an die Glehner Heide, abgedruckt im Buch „Glehn" von H. G. Kirchhoff: „Nach der Flurbereinigung wurde die Heide mit Dränage verse-hen und auf diese Weise brauchbarer Ackerboden gewonnen. Durch die Trockenlegung erlosch das Leben in den Teichen und Sümpfen, die Heide war tot, und mit ihr ging ein Stück Glehner Geschichte zu Ende". (1)

Goethestraße (Kleinenbroich, Karte 3, E9)

Johann Wolfgang von Goethe, 1749-1832, geadelt 1782, war ein deutscher Dichter. Er forschte und publizierte außerdem auf verschiedenen naturwissenschaftlichen Gebieten. Ab 1776 bekleidete er am Hof von Weimar unterschiedliche politische und administrative Ämter.

Goethes literarische Werk umfasst Gedichte, Dramen, erzählende Werke (in Vers und Prosa), autobiografische, ästhetische, kunst- und literaturtheoretische sowie naturwissenschaftliche Schriften. Auch sein umfangreicher Briefwechsel ist von großer literarischer Bedeutung.

Goethe war ein Vorreiter und der wichtigste Vertreter des Sturm und Drang. Sein Drama „Faust" zählt zu den Spitzen der deutschen Literatur. Er wurde ab den 1790er Jahren, gemeinsam mit Friedrich Schiller und im Austausch mit diesem, zum wichtigsten Vertreter der Weimarer Klassik. Im Alter galt Goethe auch im Ausland als Repräsentant des geistigen Deutschland. Bis heute gilt Goethe als bedeutendster deutscher Dichter, sein Werk wird zu den Höhepunkten der Weltliteratur gezählt. (13)

Goldnesselweg
Die Gewöhnliche Goldnessel, auch Gold-Taubnessel genannt, ist eine Pflanzenart aus der Gattung der Taubnesseln innerhalb der Familie der Lippenblütengewächse Sie ist im gemäßigten Eurasien weitverbreitet. (13)

Grüner Zierdenweg (Korschenbroich, Karte 4, A16)
Der Name kommt von urkeltisch kreu(p)enna = Rinde, Kruste, cymrisch crawen, Kruste auf rasch getrocknetem Erdreich.
Zierden von tir = trocknes Land, urk. tersos = trocken, Land, irisch tir, altcymrisch (=altwalisisch) tir = Grundstück, Landgut, cornisch tir = Grund und Boden, Landgut (11).

Gustav-Heinemann-Straße (Korschenbroich, Karte 4, C16)Gustav Walter Heinemann, 1899-1976, Politiker und der dritte deutsche Bundespräsident.

Von 1946 bis 1949 war er Oberbürgermeister von Essen, von 1949 bis 1950 Bundesinnenminister. Wegen der von Konrad Adenauer eingeleiteten Wiederbewaffnung der Bundesrepublik trat er 1950 als Innenminister zurück. 1952 verließ er die CDU und gründete die Gesamtdeutsche Volkspartei (GVP). 1957 trat er der SPD bei. 1966 bis 1969 war er Bundesminister der Justiz in der Großen Koalition, von 1969 bis 1974 Bundespräsident (13).

Gustav-Stresemann-Straße (Korschenbroich, Karte 4, C15)

Gustav Stresemann, 1878-1929, Politiker, seit 1917 Partei- und Fraktionsvorsitzender der Nationalliberalen Partei.

Nach der Novemberrevolution und der Gründung der DVP war er deren Parteivorsitzender.

Im Krisenjahr 1923 war er Reichskanzler und Reichsminister des Auswärtigen.

In seine kurze Zeit als Reichskanzler fallen das Ende der Ruhrbesetzung, Umsturzversuche der extremen Rechten und Linken sowie die Stabilisierung der deutschen Währung.

In den folgenden Jahren bis zu seinem Tod blieb er in unterschiedlichen Kabinetten Außenminister.

Er hat insbesondere zur Normalisierung der Beziehungen zu Frankreich beigetragen. Sein Ziel war es, die außenpolitische Isolierung Deutschlands zu beenden und eine Revidierung des Versailler Vertrages auf friedlichem Weg zu erreichen. 1926 erreichte er die Aufnahme Deutschlands in den Völkerbund.

Im selben Jahr wurde ihm zusammen mit seinem französischen Amtskollegen Aristide Briand der Friedensnobelpreis verliehen. (13)

H

Hagweg (Liedberg, Karte 7, B28)
Benannt nach dem angrenzenden Waldgebiet in Liedberg, das Hag oder
Haag genannt wird.

Hannengasse (Korschenbroich, Karte 4, B16)
Benannt nach der früher benachbarten Hannenbrauerei.

Hannenplatz (Korschenbroich, Karte 4, B16)

Die Jahreszahl, die mit Ankersplinten auf der Frontseite des Hannen-Stammhauses eingelassen ist, weist darauf hin, dass dieses Gebäude im Zent rum Korschenbroichs in seiner heutigen Gestalt 1716 erbaut wurde. Ein großer Brand hatte damals das Weinhaus, das zuvor an dieser Stelle stand, zerstört. Dieses Weinhaus, das 1543 erstmalig erwähnt ist, war das einzige Gasthaus, in dem man Wein trinken, speisen und übernachten konnte.

Im Mittelpunkt des Dorfes, am ehemaligen Gerichtsplatz stehend, spielte sich hier auch das öffentliche Leben ab. Im 16. Jahrhundert tagte hier das Gericht bei kleineren Strafsachen und einfachen Rechtsfragen.

Nach der Neuerrichtung 1716 wurde das Weinhaus von mehreren Weinwirten gepachtet. Im Jahre 1800 kam es in den Besitz von Johann Hannen, der von nun an das Hannen-Bier braute.

Bis 1985 war die Produktionsstätte, die sich an der Rückseite des Hannen-Stammhauses anschloß und auf deren Gelände sich heute ein Einkaufszentrum sowie ein Wohnkomplex befinden, in Betrieb. Die Räume des Hannen-Stammhauses werden heute von der Stadtverwaltung als Sitz des Schul-, Kultur- und Sportamtes genutzt. (12)

Hansestraße (Kleinenbroich, Karte 5, A20)
Hanse (ahd. hansa für Gruppe, Gefolge, Schar') – auch Deutsche Hanse
oder Düdesche Hanse, lateinisch Hansa Teutonica – ist die Bezeichnung für
die zwischen Mitte des 12. Jahrhunderts und Mitte des 17. Jahrhunderts
bestehenden Vereinigungen niederdeutscher Kaufleute, deren Ziel die Si-
cherheit der Überfahrt und die Vertretung gemeinsamer wirtschaftlicher
Interessen besonders im Ausland war. (13)

Hauptstraße (Glehn, Karte 8, A31)
So nannte man nach 1963 die wichtigste Durchgangsstraße in Glehn. Siehe
Seite 8 und 9.
Vor 1933: Landstraße
Von 1933-1945: z.T. Hindenburgstraße, z.T. Adolf-Hitler-Straße (20)
Nach 1945: z.T. Neußer Straße, z.T. Rheydter Straße
Ab 1963: Hauptstraße

Haus Fürth (Liedberg, Karte 8, B29)

Haus Fürth ist die letzte in
Fachwerkbauweise ausgeführte
Wasserburg des Rheinlandes. Bis
heute bietet Haus Fürth einen
sehr anziehenden Eindruck. Die
Anlage ist allseits mit Wassergräben umwehrt, die aber nach
Tiefe und Breite sicher nicht
unüberwindlich waren. Haus
Fürth führt den alten Bautypus
des Festen Hauses fort, allerdings in wesentlich geräumigerer
Ausführung, als ihn das hohe

Mittelalter gekannt hatte.
Die Burg wurde auf einem kreuzförmigen Grundriß erbaut. Zwei Flügel der
Anlage stehen noch in der ursprünglich allgemein bestimmenden spätgoti-
schen Bauweise. Die um die Erbauungszeit (15. Jahrhundert) zeitgemäßen
Treppengiebel sind noch erhalten. Die Fachwerkbauten wurden auf massi-

ven Sockeln aus Liedberger Sandstein errichtet. Dem Herrenhaus im Nordosten schließt sich nach Südwesten das Gelände der Vorburg an, die einen großen Wirtschaftshof aufweist. Der Zugang zu Haus Fürth erfolgt heute von der Nordwestseite her, obwohl man nach der klassischen Form der zweiteiligen Wasserburgen den Zugang durch den mittleren Bautrakt des Wirtschaftshofes erwarten dürfte; d.h. in diesem Fall von Südwesten. Aus diesem Grund ist der Zugang wahrscheinlich jüngeren Datums. (12)

Haus Glehn (Glehn, Karte 6, F24)
Trotz baulicher Veränderungen am Herrenhaus ist der Gesamtcharakter einer zweiteiligen Wasserburg bis heute kenntlich geblieben. Die Vorburg mit dem Wirtschaftshof liegt nach Norden; das Gelände der Hauptburg mit dem Herrenhaus bildet den südlichen Teil der Burg.

Beide umgibt noch heute ein gemeinsamer breiter Wassergraben von rechteckiger Form auf allen Seiten.

In der Hauptburg befindet sich das dreigeschossige Herrenhaus, ein Backsteinbau, der in niederländischer Manier erbaut wurde. Hausteine, Triglyphenfriese und Medaillons gliedern die Fassade dieses Baus.
Den mächtigen runden Eckturm nordöstlich des Herrenhauses bekrönt eine Zwiebelhaube mit Wetterfahnen. Auf der Westseite ist dem Herrenhaus ein Treppenturm vorgesetzt. Das im Erdgeschoß dieses Treppenturmes eingebaute Eingangsportal erschließt zugleich das Herrenhaus.
Die ältere Geschichte des auch 'Haus Glehn' genannten Fleckenhauses ist nicht mehr genau zu rekonstruieren. Man weiß nur, dass ein Dietrich Fleck von der Balen 1560 das heute noch stehende Schloß nach dem Brand eines älteren Hauses baute. (12)

Haus-Horst-Straße (Korschenbroich, Karte 5, C18)

Benannt nach dem nahe Korschenbroich auf Mönchengladbacher Gebiet gelegenen Haus Horst. Der Name Horst ist aus Vorst entstanden (V > P > H) und bedeutet (ureuropäisch) Festung (11).

Haus Kutscher (Liedberg, Karte 8, A29)

Das Wort Kutscher hat hier nichts mit Kutsche zu tun; der Ausdruck bezieht sich vielmehr auf den Graben zwischen Haus Raedt und Haus Kutscher, der nach dem Ureuropäischen kutsa = verunreinigen, verschmutzen benannt ist.

Das paßt, denn hier ist früher der Schelsener Bach geflossen, als vermutlich schmutziges Gewässer. (8)

Haus Raedt (Liedberg, Karte 8, A29)

Raedt oder Rath ist ein Wort, was sowohl im Urkeltischen wie im Ureuropäischen vorkommt und Festung, Burg bedeutet.

Wir haben es hier also mit sehr alten Namen zu tun; das Ureuropäische kann bis in die Zeit der Glockenbecherkultur

reichen, 2000 vor Chr. und früher.
Haus Raedt war früher ein Verwaltungssitz, der auch Kellnerei oder Kellerei genannt wurde. (11)

Haus-Randerath-Straße (Kleinenbroich, Karte 6, B22)

Im Mittelalter eine dreiflügelige Hofanlage aus Backstein, die von Wasser umgeben war. Heute ist davon nur ein kleiner Teil des Wassergrabens und die Umfas-sungsmauer mit Schießscharten erhalten.
Das Herrenhaus wurde 1828 ab-gerissen. Das heute noch vorhan-dene Wohnhaus wurde im 19. Jahrhundert neu errichtet.
Haus Randerath hat seinen Na-men durch das Geschlecht der von Randerath. Gerhard von Randerath heiratete im 12. Jahrhundert Elisa-beth, die zweite Tochter des Hermann von Liedberg.
Randerath ist ein kleiner Ort im Kreis Heinsberg am linken Ufer der Würm (2). Der Name Randerath ist also in Kleinenbroich nicht boden-ständig. Wie Haus Randerath vor der Heirat mit Gerhard von Randerath hieß, ist nicht bekannt. Elisabeth von Wambach, eine Enkelin des letzten Randerath ehelichte den Freiherrn Raitz von Frentz zu Schlenderhan.
Der Sohn des Raitz von Frentz heiratete die Tochter des Jan von Werth, des Reitergenerals des Dreißigjährigen Krieges. (13)
Bis 1975: Neußer Straße

Hausweberstraße (Liedberg, Karte 5, F19)
Die Hausweberstraße ist zur Erinnerung an die vielen Hausweber so genannt, die es im 19. Jahrhundert in Korschenbroich und
Umgebung gegeben hat. In der Zeit vor der Industrialisierung war die Bevölkerung meist sehr arm. Für die Leute, die keine Bauern waren oder handwerkliche Berufe erlernt hatten, bot die Hausweberei

zwischen 1800 und 1900 einen praktikablen Ausweg. 1855 waren in
Liedberg 7, in Steinhausen 60, in Drölsholz 30, in Rubbelrath 11, in
Steinfort 49 als Hausweber tätig. (15). Gegen die aufkommenden
Textilfabriken waren die Hausweber nicht konkurrenzfähig und die
meisten mußten ihr Gewerbe nach 1900 einstellen. (1) (15)

Haydnweg (Kleinenbroich, Karte 3, E11)

Franz Joseph Haydn, 1732-1809, österreichischer
Komponist und führender Vertreter der Wiener Klassik.
Er war Bruder des Komponisten Michael Haydn und
des Tenors Johann Evangelist Haydn.
Den größeren Teil seiner beruflichen Laufbahn verbrachte Haydn als Hofmusiker auf dem Landsitz der
wohlhabenden ungarischen Familie Eszterházy, wo er
deren Orchester und Oper leitete.

1797 komponierte Haydn für Kaiser Franz II das in der Erstausgabe
„Volkslied" titulierte „Gott, erhalte den Kaiser!" auf die hierzu gedichteten
Worte von Lorenz Leopold Haschka; im Jahre 1841 mit dem wiederum
eigens hierzu geschaffenen Text des Liedes der Deutschen von August
Heinrich Hoffmann von Fallersleben unterlegt, dient sie heute, mit dessen
dritter Strophe, als Nationalhymne der Bundesrepublik Deutschland. (13)

Heckenend (Glehn, Karte 8, B32)
Der Name Heckenend rührt von urk. seska = Binse, Riedgras, ir.
sesc, seisc = Binsen, cymr. hesg, cornisch heschen her.
Im Cymrischen (=Walisischen) und Cornischen wird das S zu H.
End ist eine keltische Form von Bend. (11)
Vor 1933: Heckenend
Von 1933-1945: Herbert-Norkus-Straße,
Von 1945-1975: Schmiedgasse/ Heckenend (7)

Hedwigstraße (Glehn, Karte 8, B31)
Hedwig ist ein weiblicher Vorname. Der Name kommt aus dem
althochdeutschen (Haduwig) und setzt sich aus hadu, „der Kampf,

die Schlacht" und wig, „ringen, der Kampf, der Krieg" zusammen.
Die Hedwigstr. liegt im Viertel der (heiligen) Frauen in Glehn. (13)

Heerstraße (Korschenbroich, Karte 4, A16)
Benannt nach einer alten Heerstraße, die von Kleinenbroich durch
das Raderbroicher Feld in Richtung Korschenbroich verlief.

Heidestraße (Glehn, Karte 9, C33)
Der Name hält die Erinnerung an die Glehner Heide wach.

Heinrich-Heine-Straße (Korschenbroich, Karte 4, B16)

Christian Johann Heinrich Heine, 1797-1856, einer
der bedeutendsten deutschen Dichter, Schriftsteller
und Journalisten des 19. Jahrhunderts.
Heine gilt als „letzter Dichter der Romantik" und
zugleich als deren Überwinder.
Er machte die Alltagssprache lyrikfähig, erhob das
Feuilleton und den Reisebericht zur Kunstform und
verlieh der deutschen Literatur eine zuvor nicht ge-
kannte elegante Leichtigkeit.
Die Werke kaum eines anderen Dichters deutscher Sprache wurden bis
heute so häufig übersetzt und vertont. Als kritischer, politisch engagierter
Journalist, Essayist, Satiriker und Polemiker war Heine ebenso bewundert
wie gefürchtet. Wegen seiner jüdischen Herkunft und seiner politischen
Einstellung wurde er immer wieder angefeindet und ausgegrenzt. Diese
Außenseiterrolle prägte sein Leben, sein Werk und dessen wechselvolle
Rezeptionsgeschichte. (13)

Heinrich-Lersch -Straße (Korschenbroich, Karte 4, B16)

Heinrich Lersch (*12 September 1889 in Mönchengladbach, +18. Juni 1936 in Remagen) war ein Kessel-
schmied und Arbeiterdichter.
Als Schriftsteller war Lersch Autodidakt und gilt
als Vertreter eines katholisch geprägten Expressionismus. (13)

Heinrich-Lübke-Straße (Kleinenbroich, Karte 6, B22)

Heinrich Lübke, 1894-1972, deutscher Politiker (Zentrum, später CDU). Er war von 1953 bis 1959 Bundesminister für Ernährung, Landwirtschaft und Forsten und von 1959 bis 1969 der zweite Bundespräsident der Bundesrepublik Deutschland.
Lübke machte als erster die Entwicklungshilfe zu einem Hauptanliegen seiner Präsidentschaft und setzte sich 1966 für die Bildung der Großen Koalition ein. (13)

Seine schon sprichwörtlichen Fehlleistungen in öffentlichen Reden stellten sich zu einem großen Teil als bewußte Falschdarstellungen einiger Journalisten heraus, was klar gegen den Ehrenkodex der Journalisten verstieß, aber nie geahndet wurde. (13)
Vor 1975: Friedrich.-Ebert-Straße

Helene-Lange-Straße (Korschenbroich, Karte 4, B16)

Helene Lange, 1848-1930, Pädagogin und Frauenrechtlerin.
Sie ist eine Symbolfigur der deutschen Frauenbewegung.
In den Jahren 1919 bis 1921 war sie als Mitglied der Deutschen Demokratischen Partei Alterspräsidentin der Hamburgischen Bürgerschaft. (13)

Hellweg (Glehn, Karte 8, A30)
Eigentlich Hellwede, Halwede, urkeltisch sal = hal oder hel = Schmutz, (S>H); "weg" entstellt von Wede;
Wede von urkeltisch widu =Wald. (dann eigentlich Halwede feuchtschmutziger Wald.) (11)
Vor 1975: Birkenweg

Henri-Dunant-Straße (Korschenbroich, Karte 4, C16)

Henri Dunant, 1828-1910, Schweizer Geschäftsmann und ein Humanist christlicher Prägung. Während einer Geschäftsreise wurde er im Juni 1859 in der Nähe der italienischen Stadt Solferino Zeuge der schrecklichen Zustände unter den Verwundeten nach einer Schlacht zwischen der Armee Österreichs sowie den Truppen Piemont-Sardiniens und Frankreichs. Über seine Erlebnisse schrieb er ein Buch mit dem Titel "Eine Erinnerung an Solferino", das er 1862 auf eigene Kosten veröffentlichte und in Europa verteilte. In der Folge kam es ein Jahr später in Genf zur Gründung des Internationalen Komitees der Hilfsgesellschaften für die Verwundetenpflege, das seit 1876 den Namen Internationales Komitee vom Roten Kreuz (IKRK) trägt. Die 1864 beschlossene Genfer Konvention geht wesentlich auf Vorschläge aus Dunants Buch zurück. Henry Dunant, der danach aufgrund geschäftlicher Probleme und seines darauf folgenden Ausschlusses aus der Genfer Gesellschaft rund drei Jahrzehnte lang in Armut und Vergessenheit lebte, gilt damit als Begründer der Internationalen Rotkreuz- und Rothalbmond-Bewegung. Im Jahr 1901 erhielt er für seine Lebensleistung den ersten Friedensnobelpreis. (13)

Hermann-Löns-Straße (Korschenbroich, Karte 4, B16)

Hermann Löns, 1866-1914, deutscher Journalist und Schriftsteller. Schon zu Lebzeiten ist Löns, dessen Landschaftsideal die Heide war, als Jäger, Natur und Heimatdichter sowie als Naturforscher und Naturschützer zum Mythos geworden. (13)

Herrenshoffer Straße (Korschenbroich, Karte 4, A16)
Alter Name für Herrenshoff ist Haringshopp.
Ureuropäisch harrapa = plündern, ing = Umgebung und hop = hobi = hoven
= Erdhütte.
Also Dorf, in dessen Umgebung geplündert wurde.
Vor 1975: Schloßstr.

Herzbroicher Weg (Korschenbroich, Karte 1, E4)
Alter Name von Herzbroich ist laut Bremer bis vor einigen hundert Jahren
Hexbroich. (4) Das leitet sich aus dem Urkeltischen seska = Binsen, Ried-
gras, cymr. hesg, hesg > hex (S>H) ab. (11)

Hilde-Coppi-Straße (Kleinenbroich, Karte 6, B 21)

Hilde Coppi (geborene *Rake*, * 30. Mai 1909
in Berlin; † 5. August 1943 Berlin-Plötzensee)
war eine deutsche Widerstandskämpferin zur
Zeit des Nationalsozialismus. Sie gehörte gemeinsam mit ihrem Mann Hans Coppi zur
kommunistischen Roten Kapelle.
Hilde Rake arbeitete in Berlin-Wilmersdorf
als Sachbearbeiterin in der Reichsversicherungsanstalt für Angestellte (RfA), als sie 1940 Hans Coppi kennen-
lernte. Bis 1939 hatte sie als Sprechstundenhilfe bei Ärzten gearbei-
tet und hatte bereits vor 1933 Kontakt zu Mitgliedern der KPD.

Hilde und Hans Coppi heirateten am 14. Juni 1941. Nach dem Einfall
deutscher Truppen in die Sowjetunion hörte Hilde Coppi den Sender
Radio Moskau ab, notierte Adressen deutscher Kriegsgefangener und
informierte deren Angehörige, dass die Gefangenen am Leben waren.
Sie beteiligte sich mit ihrem Mann an der Zettelklebeaktion gegen
die antisowjetische Propagandaausstellung „Das Sowjet-Paradies",
half beim damals illegalen Transport eines defekten Funkgeräts und
besorgte für Flugblätter Papier aus der Reichsversicherungsanstalt.

Das Ehepaar Coppi wurde am 12. September 1942 verhaftet.
Hilde war schwanger und brachte ihren Sohn Hans am 27. November 1942
im Berliner Frauengefängnis Barnimstraße zur Welt. Am 22. Dezember
1942 wurde ihr Mann hingerichtet. Auch Hilde Coppi wurde am 20. Januar
des Folgejahres zum Tode verurteilt. Ein Gnadengesuch wurde im Juli
1943 von Adolf Hitler abgelehnt. Die Hinrichtung wurde bis in den August
aufgeschoben, damit sie ihr Kind stillen konnte. Am 5. August 1943 wurde
Hilde Coppi in Berlin-Plötzensee durch das Fallbeil enthauptet. (13)

Hildegundisstraße (Liedberg, Karte 5, F19)
Hildegundis war die älteste Tochter des Hermann von Liedberg.
Sie war verheiratet mit dem Grafen von der Ahr. Nachdem ihr Gatte und
ihr Sohn gestorben waren, vermachte sie ihrer Schwester Elisabeth, die mit
Gerhard von Randerath verheiratet war, einen Teil ihres väterlichen Erbes
und stiftete einen anderen Teil zur Gründung des Klosters Meer. Sie starb
am 6. Februar 1186 als Äbtissin im Kloster Meer. (4)

Hindenburgstraße (Korschenbroich, Karte 4, A16)

Paul Ludwig Hans Anton von Beneckendorff und von
Hindenburg (* 2. Oktober 1847 in Posen; † 2. August
1934 auf Gut Neudeck, Ostpreußen),1847-1934, deutscher Politiker und Militär. Im Ersten Weltkrieg stieg
er zum Generalfeldmarschall auf. Militärisch wurde er
vor allem als Sieger der Schlacht bei Tannenberg
bekannt.
Als zweiter Reichspräsident der Weimarer Republik
ernannte er 1933 Adolf Hitler zum Reichskanzler.

(13)

Hochstraße (Kleinenbroich, Karte 6, B22)
Die Hochstr. könnte eine der ältesten Straßen in Kleinenbroich sein.
Denn die Straße hieß schon so vor der ersten amtlichen Straßen-benennung.
Eine keltische, cymrische Deutung heißt hwch, deutsch ausgesprochen
hoch, hwch = Sau, Schwein; straße = kleines nasses Gehölz. Wahrschein-
lich ein kleines Eichengehölz, in dem die Schweine Eicheln als Futter fan-

den. Die Hochstraße in Kleinenbroich würde dem deutschen Sinn „hoch"
auch nicht gerecht, denn sie liegt niedrig in der Talaue des Jüchener Baches. (11)

Hof Nixberg (Glehn, Karte 9, D36)
Der Name wird ureuropäischen Ursprungs sein, nämlich nek-azalgo =
Ackerbau und berrik = neue, > "neuer Ackerbau"

Hohe Brücke (Kleinenbroich, Karte 6, B22)
Die Straße Hohe Brücke trägt ihren Namen nach einer früheren
tatsächlich hohen Brücke über den Jüchener Bach.

Hoher Weg (Korschenbroich, Karte 4, C16)
Die Hoher Weg benannte Straße ist der höchstgelegene Weg in Korschen-
broich; er führte früher übers Feld Richtung Trietenbroich und kreuzte den
Maarweg.

Holunderstraße (Glehn, Karte 9, C33)
Benannt nach der Strauchart „Holunder" im Strauchviertel in Glehn.

Holzkamp (Kleinenbroich, Karte 6, A21)
Der Flurname besteht aus einem Teil „Holz", was Wald, Gehölz bedeutet,
und einem Teil „Kamp", was ursprünglich Tal bedeutete. (Siehe auch "Auf
dem Kamp")

Holzweg (Korschenbroich, Karte 2, E6)
Der Name ist vermutlich in Erinnerung an die ehemaligen Raderbroicher
Sägewerke und Holzhandlungen vergeben worden.

Horster Straße (Liedberg, Karte 7, B26)
Der Name Horst kann von ureuropäisch bortxa = Zwang, Burg
abgeleitet werden, also einer prähistorischen Festunganlage. Bortxa
>Vorst> Porst > Horst. (11)
Vor 1975: Jahnstr. (Stichstraße nach Rheydt)

Hubertusstraße (Herrenshoff, Karte 1, E4)

Hubertus von Lüttich (655-727), war Bischof von Maastricht und Lüttich.
Hubertus lebte als Pfalzgraf am Hof Theoderichs III. in Paris, später in Metz am Hofe Pippins des Mittleren, mit dem er wohl verwandt war.
Als er verwitwete, ging Hubertus als Einsiedler in die Wälder der Ardennen, wo er apostolisch tätig war.
705 wurde er Bischof von Tongern-Maastricht, 716 verlegte er seinen Bischofssitz nach Lüttich.
Er ließ dort eine Kathedrale bauen, galt aber auch als fürsorglicher Wohltäter. (13)

Hufeisen (Korschenbroich, Karte 2, E5)
Es ist nicht klar, ob der Name nur in Anlehnung an die Form des Hufeisens vergeben wurde, oder ob es sich um einen gewachsenen Flurnamen handelt, den der Straßenname in Erinnerung halten will. Im zweiten Fall: Hufeisen Huf = urkeltisch su, suv, sovio = Drehung, umkehren, wird durch Umformung des S zu H im Cymrischen zu Huf; Eisen = keltisch is = niedrig, also eine niedrige Kehre (11)

Hunsrückstraße (Kleinenbroich, Karte 6, B23)
Benannt nach dem Gebirge „Hunsrück" zwischen Mosel und Nahe gelegen, im Gebirgeviertel in Kleinenbroich.
Der Name ist ureuropäisch und läßt sich wie folgt ableiten: hontza = Eule und uhar = Wildbach (uh = ug = uk). Das R von rück ist später weggefallen.

I

Igelweg (Kleinenbroich, Karte 3, F9)
Benannt nach dem Kleinsäuger „Igel", im Viertel der heimischen Tierarten in Kleinenbroich.

Im Dorffeld (Korschenbroich, Karte 4, A16)
Es dürfte sich um das nahe dem Dorf gelegene Feld handeln.

Im Hasseldamm (Kleinenbroich, Karte 2, C8)
"Hassel" = urk. sasjo = eine Feldfrucht, gall. (s)asiam, cymr. haidd = Gerste, neucymr. had = Saat (S>H), wahrscheinlich ist aus dem indogermanischen sasjo das althochdeutsche ezisc, esisg, ezzisk, mhd. ezzisch = Saatfeld entstanden. "Damm" von cymr. damsang = Tret, Trampelpfad.
Damit dürfte die allzu einfache Deutung als „Hasel"damm
widerlegt sein. Das Anlaut-H ist durch das Cymrische bedingt. (11)

Im Kamp (Kleinenbroich, Karte 6, B22)
Diese Straße in Kleinenbroich hat ihren Namen von der gleichlautenden Flur. Der Name Kamp läßt sich ursprünglich von ureuropäisch kanabera = Rohr, Schilf ableiten und weiterentwickelt zu urk. kumba = Tal, aus kumba, komba wurde germanisch kamb, kamp, kamff. (11)

Im Kottenkamp (Glehn, Karte 8, B32)
Der Name enthält zwei Bestandteile, die jeweils auf urkeltische Wurzeln zurückgeführt werden können.
Kotten ist deutsch Kate, also ein kleines Haus, das einem Kötter gehört, und Kamp leitet sich von urk. kumba, komba = Tal ab, meint aber meist Feld. (11)

In der Hött (Glehn-Lüttenglehn, Karte 9, D36)
Hött ist ein mundartlich anderer Ausdruck für Hütte. Hütte leitet sich ab von ureuropäisch sutondo = Kamin, in dem das S zu H verschoben wurde. Ursprünglich bedeutet Hütte also Herdstelle. (11)

Industriestraße (Korschenbroich, Karte 4, A16)
Bezeichnung einer Straße im Korschenbroicher Industriegebiet.

J

Jahnstraße (Liedberg, Karte 5, F18)

Friedrich Ludwig Jahn, 1778-1852, „Turnvater Jahn" genannt, war der Initiator der deutschen Turnbewegung, die von Anfang an mit der frühen Nationalbewegung verknüpft war.

Sie war unter anderem mit der Zielsetzung entstanden, die Jugend auf den Kampf gegen die napoleonische Besetzung und für die Rettung Preußens und Deutschlands vorzubereiten. Den ersten Turnplatz schuf er 1811 auf der Berliner Hasenheide.

Damit hat Jahn die Grundlagen nicht nur für den Turnbetrieb, sondern zum großen Teil auch für den heutigen Sportbetrieb geschaffen.

Das von Jahn begründete Turnen (Geräte, Übungen) entwickelte sich zur heutigen Sportart Geräteturnen. (13)

Jakob -Scheulen-Straße (Korschenbroich, Karte 5, 18 A/B)

Jakob Scheulen wurde am 06.12.1890 geboren und starb am 01.10.1961.

Scheulen hat im Zentrum von Korschenbroich gewohnt, direkt neben dem alten Bürgermeisteramt, in dem Haus, in dem sich heute ein griechisches Restaurant befindet (heute Steinstraße 25).

Nach dem Krieg 1946 galt er als politisch unbelastet, weil er als Sozialdemokrat während des Dritten Reiches der Gefahr der Verfolgung ausgesetzt war, und engagierte sich als verantwortungsbewusster und geradliniger Mensch ab 1952 in der Kommunalpolitik seiner Heimatgemeinde,

Er war 3 volle Amtsperioden in der Kommunalpolitik tätig,

Mitglied in folgenden Ausschüssen und Kommissionen:

1952 - 1956 Friedhofskommission,

1952 - 1961 Hauptausschuss, Bau- und Wegekommission, Schulausschuss

1956 - Kultur- und Schulausschuss. Am 25.11.1952 wurde er zum stellvertretenden Bürgermeister gewählt und blieb es bis zu seinem Tode im Jahr 1961, Jakob Scheulen war der Onkel des langjährigen stellvertretenden

Vorsitzenden des Korschenbroicher Heimatvereins (10, E. Fischermann Privataarchiv)

Jan-Palach-Straße (Kleinenbroich, Karte 3, F10)

Jan Palach, 1948-1969, tschechoslowakischer Student, der sich aus Protest gegen die Niederschlagung des Prager Frühlings und gegen das Diktat der Sowjetunion selbst verbrannte.

Er wollte damit, knapp fünf Monate nach dem Einmarsch der Truppen des Warschauer Pakts in die Tschechoslowakei, ein Zeichen gegen die Rücknahme der Reformen der Regierung Alexander Dubčeks und die daraus folgende Lethargie und Hoffnungslosigkeit der tschechoslowakischen Öffentlichkeit setzen. (13)
Vor 1975: Mühlenweg

Jan-von-Werth-Straße (Kleinenbroich, Karte 3, E10)

Johann Graf von Werth, genannt Jan von Werth (* 1591 in Büttgen, 12. September 1652 auf Schloss Benatek) stammte aus einfachen Verhältnissen.

Er wurde ein bekannter deutscher Reitergeneral im Dreißigjährigen Krieg, den er von der Schlacht am Weißen Berg 1620 bis zur Schlacht bei Dachau 1648 miterlebt und seit den 1630er Jahren als Heerführer, zunächst auf spanischer bzw. kurkölnischer, dann auf bayerischer, zuletzt auf kaiserlicher Seite auch bedeutend mitgeprägt hat.
(13). *Vor 1975: Mühlenweg*

Jane-Addams-Weg (Korschenbroich, Karte 4, B15)

Jane Addams, 1860-1935, US-amerikanische Feministin, Soziologin und engagierte Journalistin der Friedensbewegung Anfang der 1920er Jahre.

Sie war eine Wegbereiterin der Sozialen Arbeit und gründete 1889 in Chicago das Hull House, das heute als Museum besteht. 1931 erhielt sie zusammen mit Nicholas Murray Butler den Friedensnobelpreis. (13)

Joenstraße (Glehn, Karte 6, F24)

Die Joenstraße erinnert an die Familie Joen, die hier angesiedelt war. Da es sich bei dieser Familie um eine sehr kinderreiche Familie handelte, die einige Häuser in dieser Straße besaß, wurde sie nach ihnen benannt. (1)

Johann-Georg-Halske-Straße (Glehn, Karte 4, A15)

Johann Georg Halske, 1814-1890, deutscher Unternehmer. 1844 gründete er zusammen mit dem Mechaniker Friedrich M. Boetticher eine Werkstatt für den Bau von chemischen und mechanischen Apparaten.
Am 12. Oktober 1847 gründete er zusammen mit Werner Siemens die Telegraphen-Bauanstalt von Siemens & Halske in Berlin. (13)

Johann-Hövel-Straße (Glehn, Karte 4, B16)

Am 1. Januar 1939 trat Johann Hövel in die freiwillige Feuerwehr Korschenbroich ein. 33 Jahre war er dort tätig.
Für seinen uneigennützigen Einsatz wurde er 1964 vom Innenminister des Landes Nordrhein-Westfalen mit dem Feuerwehr-Ehrenzeichen und 1971 vom deutschen Feuerwehrverband mit dem Feuerwehr-Ehrenkreuz ausgezeichnet.
Hövel war Landwirt und betrieb ein Fuhrgeschäft.
1921 wurde er Mitglied der St. Katharina Bruderschaft. Während der Kirmestage standen alle Pferde der Reiterei auf seinem Hof. (1)

Johannes-Büchner-Straße (Glehn, Karte 8, B31)

Johannes Büchner (* 11. April 1902 in Boppard; † 27. Juni 1973 in Düsseldorf) wurde als Sohn eines Lehrers in Boppard geboren.
Zunächst studierte er Jura und wurde dann Lehrer. 1931-1933 war er als Lehrer in Glehn tätig. (1).

Neben seiner pädagogischen Tätigkeit war er auch Theaterkritiker und Mitarbeiter der in Düsseldorf erscheinenden katholischen Wochenzeitung Junge Front (ab 1935: Michael).
Neben seinem Lehrerberuf war er auch als Dichter tätig.
Seine Dichtungen bezogen sich auf seinen christlichen Glauben, der Heimatbewegung und den Expressionismus. (1)
Nach dem Zweiten Weltkrieg war Büchner Lehrer an einer
Volksschule im Mönchengladbacher Stadtteil Pesch. (13)
Vor 1975: Klosterweg

Johannes-Huppertz-Straße (Korschenbroich, Karte 1, D3)
Johannes Huppertz (1925 - 2001) war von 1949 bis 1958 als Lehrer an der Volksschule Kleinenbroich beschäftigt, wechselte 1958 an die damalige Volksschule Herrenshoff.
Er war über Jahrzehnte als Rektor der Volks- und späteren Grundschule Herrenshoff tätig. 1988 trat er in den Ruhestand.
Johannes Huppertz war viele Jahre im Rat und in Ausschüssen der Stadt tätig. Unter anderem gehörte er der früheren Gemeindevertretung Korschenbroich von 1961 bis 1974 an. Im gleichen Zeitraum war er auch als Mitglied der früheren Amtsvertretung Korschenbroich tätig. Nach der Neugliederung engagierte er sich von 1975 bis 1989 als Mitglied im Rat der Stadt Korschenbroich. Unter anderem hatte er den Vorsitz im Jugend- und Sportausschuss inne. Zudem war er vor der kommunalen Neugliederung rund zehn Jahre Fraktionsvorsitzender der CDU. Für seinen ehrenamtlichen Einsatz erhielt der Herrenshoffer im Januar 1986 das Bundesverdienstkreuz. Huppertz war als Mitglied des Pfarrgemeinderates in der Pfarre Herz-Jesu aktiv. Zudem war er lange Jahre Präsident der St-Hubertus-Bruderschaft Herrenshoff sowie Vorsitzender des örtlichen Turnvereins und des Martinsvereins.
(NGZ vom 2.5.2001)

Johannes-Wolf-Straße (Kleinenbroich, Karte 6, A22)

Johannes Wolf (*4.3.1904 in Mönchengladbach, +4.9.1993 in Kleinenbroich, geweiht 30.7.1932 in Aachen), von 1932-42 Kaplan in Odenkirchen und Aachen-Burtscheid, 1942-45 Domvikar in Aachen. Ab 1945 Pfarrer in Kleinenbroich bis 1974, und weitere 10 Jahre als Subsidiar. (9)

Josef-Thelen-Straße (Korschenbroich, Karte 5, B17)

Josef Thelen (*17.04.1887, +09.05.1971) war Rektor der Volksschule Korschenbroich. Seit 1924 war er Mitglied im Gemeinderat; er wurde nie Mitglied der NSDAP.

Er war einer von drei Lehrern, die als unbelastet galten und daher nach dem Ende des 2. Weltkriegs zurück in den Schuldienst durften. (1)

Josef-Thory-Straße (Kleinenbroich, Karte 6, B22)

Josef Thory (*4. Dezember 1868 in Heinsberg, geweiht 15. August 1892, +17.2.1950) Kaplan in Mönchengladbach, 1897 in Rheydt, 1901 Pfarrer in Recht (heute Belgien), war von 18.10.1912 bis 17.2.1950 kath. Pfarrer in Kleinenbroich. (4) (9)

Josefstraße (Liedberg-Steinforth, Karte 7, E28)

Der Name bezieht sich auf die nahe liegende Josefskirche in Steinfort.

Vor 1975: Kirchstr.

Julius-Otto-Straße (Korschenbroich, Karte 5, B17)

Der Pfarrer Julius Johann Maria Otto wurde am 6. April 1868 in Niederhermsdorf (Kr. Waldenburg/Schles.) geboren. Geweiht wurde er am 15. August 1893. Zuerst war er in Krefeld als Kaplan tätig.

In Korschenbroich tätig, verfasste er ein Heimatbuch, dessen Reinerlös dem Neubau der Kirche, die während des 2. Weltkrieges durch Bomben stark beschädigt wurde, zu Gute kommen sollte. Am 24. November 1946 verstarb Julius Otto. (1)

K

Kaarster Hütte (Kleinenbroich, Karte 6, C22)

Im Rheinland ist ein Flurname Karcht für feuchtes Land verbreitet. Auch für Holzwege gebräuchlich (Dittmaier).

Daneben scheint noch eine Ableitung von urkeltisch kirs, kors möglich, was wir annehmen, vielleicht beruht Karcht aber auch auf „kors".

Das Wort hätte dann die germanische Lautentwicklung nur im Vokal mitgemacht. In jedem Fall scheint aber „Kaarster Hütte" als Verbindung mit der Stadt Kaarst eine Verballhornung zu sein und hat mit dem Ort Kaarst nichts zu tun. So wie kors bedeutet kars Riedgras, Sumpfgras. (11).

Kathe-Kollwitz-Straße (Korschenbroich, Karte 4, B16)

Kathe-Kollwitz, 1867-1945, zählt zu den bekanntesten deutschen Künstlern des 20. Jahrhunderts.

Sie entwickelte trotz schwieriger Lebensumstände mit ihren ernsten Lithografien, Radierungen, Kupferstichen und Holzschnitten einen zeitlosen Kunststil und war zeitweilig auch als Bildhauerin tätig.

Sie war eine der großen Frauen ihrer Zeit. (13)

Kampgasse (Glehn, Karte 8, A31)
Zusammen mit der Straße „Auf dem Kamp" wird die Kampgasse in
der Flur „Auf dem Kamp" gelegen sein. Der Name Kamp läßt sich
ursprünglich von ureuropäisch kanabera = Rohr, Schilf, und
weiterentwickelt zu urk. kumba = Tal ableiten, aus kumba wird keltisch
komba, germanisch kamb, kamp, auch kamff. (11)

Kantstraße (Kleinenbroich, Karte 3, E9)

Immanuel Kant, 1724-1804, Philosoph der Aufklärung. Er zählt zu den bedeutendsten Vertretern der
abendländischen Philosophie.
Sein Werk "Kritik der reinen Vernunft" kennzeichnet
einen Wendepunkt in der Philosophiegeschichte und
den Beginn der modernen Philosophie. (13)
Vor 1975: Schillerstraße

Karl-Arnold-Straße (Kleinenbroich, Karte 6, B22)

Karl Arnold, 1901-1958, Politiker (Zentrum, CDU).
Er war Ministerpräsident von Nordrhein-Westfalen
von 1947 bis 1956.
Arnold wurde 1901 im württembergischen Herrlishö-
fen bei Biberach an der Riß geboren.
Er absolvierte eine Ausbildung als Schuhmacher-
Geselle und studierte später (1920/21) an der Sozialen
Hochschule Leohaus in München. Er sah sich selbst
zeitlebens als christlichen Sozialisten.
1945 beteiligte sich Arnold mit Hans Böckler an der Gründung der Ein-
heitsgewerkschaften, des heutigen DGB, im Rheinland. Arnold saß dem
Bezirk Düsseldorf vor.
Von der amerikanischen Besatzungsmacht erhielt er die Tageszeitungsli-
zenz für die christlich orientierte Rheinische Post, die noch heute im Teil-
besitz seiner Nachfahren ist. Am 29. Juni 1958 starb er an Herzversagen
während des Landtagswahlkampfes, in dem er Spitzenkandidat seiner Partei war. (13)
Vor 1975: Gartenstraße

Karl-Nöthen-Straße (Kleinenbroich, Karte 6, B22)

Karl Nöthen, (*18. Dezember 1825 in Düsseldorf, +29. September 1912) war katholischer Pfarrer in Kleinenbroich, geweiht 4. September 1854, 1904 Dechant, 1907 Ehrendechant.
In seine Pfarrzeit fiel der Bau der neuen Kirche 1868 – 1870 an der Hochstraße, 1912 Gründung des kath. Arbeitervereins.(4)

Karolingerstraße (Liedberg, Karte 5, F19)
Herrschergeschlecht der westgermanischen Franken, das ab 751 im Frankenreich die Königswürde innehatte. Sein berühmtester Vertreter war Karl der Große, von dem die späteren karolingischen Herrscher abstammten. (13)

Kastanienstraße (Kleinenbroich, Karte 3, F9)
Benannt nach der Baumart „Kastanie" im Baumviertel in Kleinenbroich.

Katharinenstraße (Glehn, Karte 8, B31)
Katharina ist ein weiblicher Vorname.
Ausgehend von der im deutschen Raum eingebürgerten Form Katharina mit th und a wird der Name vielfach volksetymologisch vom griechischen Adjektiv katharos („rein") abgeleitet. Demnach bedeutete dieser Name „die Reine", „die Aufrichtige". (13) Die Katharinenstraße hat insofern einen Bezug zu Glehn, als die Glehner Pfarrkirche einen Katharinenaltar hatte. (4)

Kellereiweg (Liedberg, Karte 5, F20)
Kellerei oder eigentlich besser Kellnerei nannte man Behörden oder auch private Verwaltungen und die Gesamtheit der dort Bediensteten, hier ist die frühere Kellerei in Haus Raedt gemeint.

Kemperweg (Glehn, Karte 8, A31)
Der Familienname Kemper leitet sich ab von Kamp, einer der im
Kamp wohnt.

Kiefernweg (Kleinenbroich, Karte 3, F9)
Benannt nach der Baumart „Kiefer", im Baumviertel in Kleinenbroich.

Kirchplatz (Korschenbroich, Karte 5, B17)
Der Platz neben der St. Andreas Kirche in Korschenbroich.

Kirchstraße (Glehn, Karte 6, F24)
Benannt nach der nahegelegenen Pfarrkirche in Glehn.

Kivitterhof (Glehn, Karte 9, B34)
Diese Straßenbezeichnung erinnert an den ehemaligen Hof, der an der
Kirchstraße angesiedelt war. (1) Der Name kommt aus dem Ureuropäi-
schen, kebide, und bedeutet Schornstein, Rauchabzug.

Kleinenbroicher Straße (Pesch, Karte 5, C19)
Es ist bereits allgemeine Ansicht, dass sich in dem Ortsnamen Kleinen-
broich ein alter Flußname "glehne" verbirgt.
So wie bei Alsfeld in Hessen an der dortigen Gleene ein Ort Obergleen und
ein verballhorntes Niederklein liegt, so ergibt sich aus Glehnen-
broich durch Entstellung das uns bekannte Kleinenbroich.
Glen kann nur Variante zu urkelt. glennos = Tal sein, und letztlich aus dem
Ureuropäischen kanila = Wasserstrahl, Wasserhahn, stammen. (11)

Klosterweg (Liedberg-Rubbelrath, Karte 8, E29)
Ein Weg in Rubbelrath in Richtung Nikolauskloster.

Königsberger Straße (Korschenbroich, Karte 4, C16)
Königsberg, 1255 gegründet, war von 1457 bis 1945 Hauptstadt und kultu-
relles sowie wirtschaftliches Zentrum des östlichen Preußen und war die
östlichste und nördlichste Großstadt des Deutschen Reiches. Immanuel

Kant verbrachte sein ganzes Leben in dieser Stadt, die seine Heimatstadt
war.
Königsberg war über Jahrhunderte die geistige Mitte Preußens. 1861 erleb-
te die Stadt die letzte Königskrönung. Nach dem Versailler Vertrag wurde
Ostpreußen (mit östlichen Teilen Westpreußens) durch den Polnischen
Korridor vom Deutschen Reich abgetrennt. Bis zum Ende des Zweiten
Weltkrieges war Königsberg Deutschlands östlichste Großstadt. Nach 1945
wurden die Bewohner vertrieben. (13)

Kolpingstraße (Kleinenbroich, Karte 3, E10)
Adolph Kolping, 1813-1865, deutscher katholischer Priester, der sich ins-
besondere mit der Sozialen Frage auseinandersetzte, und der Begründer des
Kolpingwerkes. (13) Siehe auch Adolf-Kolping-Straße

Kommerweg (Liedberg-Rubbelrath, Karte 8, D29)
Der Kommerweg hat seinen Namen nach dem Kommerbach.
Kommer ist keltisch-cymrisch kwmmer (gesprochen kommer) und bedeutet
Zusammenfluß, Zusammentreffen von Straßen oder Bächen. (11).

Kondorstraße (Kleinenbroich, Karte 3, E11)
Benannt nach dem Vogel „Kondor" im Vogelviertel in Kleinenbroich.
Vor 1975: Adlerstraße

Konrad-Adenauer-Straße (Kleinenbroich, Karte 6, C22)

Konrad Hermann Joseph Adenauer, 1876-1967,
von 1949 bis 1963 erster Bundeskanzler der Bundesrepublik Deutschland sowie von 1951 bis 1955
zugleich Bundesminister des Auswärtigen. Der
studierte Jurist hatte bereits im Kaiserreich und in
der Weimarer Republik eine vielbeachtete politische Karriere absolviert.
Als Mitglied der katholischen Zentrumspartei gehörte er dem Preußischen Herrenhaus an, war
Oberbürgermeister von Köln und verteidigte als
Präsident des Preußischen Staatsrats energisch die

Interessen des Rheinlandes, dem er zeitlebens eng verbunden blieb.
In der Zeit des Nationalsozialismus wurde er seiner Ämter enthoben und
war zeitweise inhaftiert. Adenauer gehörte zu den Begründern der CDU,
deren Parteichef er von der Gründung bis 1966 war. Als Vorsitzender des
Parlamentarischen Rates wie als erster Bundeskanzler und Außenminister
der Bundesrepublik Deutschland prägte er eine ganze Ära.
Der zum Amtsantritt 73jährige setzte Bonn als Bundeshauptstadt durch,
stand für eine Politik der Westbindung und der Europäischen Einigung und
eine aktive, auch militärische Rolle der Bundesrepublik in der NATO.
Adenauer stand wirtschaftspolitisch für das System der Sozialen Markt-
wirtschaft. Er verfolgte einen antikommunistischen Kurs im Inland wie
gegenüber der Sowjetunion und ihren Verbündeten. (13)

Kranichweg (Kleinenbroich, Karte 3, E11)
Eine Straße aus dem Vogelviertel in Kleinenbroich.

Kriegersweg (Pesch, Karte 5, A20)
Die allgemein verbreitete Deutung dieses Namens geht von
„Krügersweg" aus, also einem Weg zum Wirtshaus.

Krünsend (Korschenbroich, Karte 4, E13)
Das „end" ist eine Form von Bend. Somit ist Krüns eine nähere Bestim-
mung zu Bend. Krüns ist von ureurop. gera = stehen bleiben, und ur =un =
Wasser abzuleiten, also stillstehendes Wasser im Bend

Kurt-Schumacher-Straße (Kleinenbroich, Karte 6, B22)

Kurt Schumacher, 1895-1952, deutscher Politiker.
Er war Parteivorsitzender der SPD und Oppositi-
onsführer in der ersten Wahlperiode (1949 bis
1952) des Deutschen Bundestages.
In den ersten Jahren der Bundesrepublik Deutschland war Schumacher der große Gegenspieler Konrad Adenauers. Er gehörte zu den Gründervätern
der Bundesrepublik Deutschlands.

Seine schweren Kriegsverletzungen aus dem 1. Weltkrieg (Amputation eines Armes) und die Folgen einer langjährigen Haft in Konzentrationslagern brachen seine Gesundheit, aber nicht seinen Willen. (13) Er war ein eigenständiger Denker und starb leider viel zu früh in der Aufbauphase der Bundesrepublik Deutschlands.
Vor 1975: Gartenstraße

L

Ladestraße (Kleinenbroich, Karte 6, A21)
Früher hatte der Bahnhof Kleinenbroich auch eine Funktion als Güterbahnhof, die Verladungen gingen von der Ladestraße aus.

Lärchenweg (Kleinenbroich, Karte 3, F9)
Eine Straße in Kleinenbroich aus dem Viertel, das nach Baumarten benannt ist.

Landstraße (Liedberg, Karte 7, B26)
Es ist die Bundesstraße B 230 durch Liedberg.

Laurentiusstraße (Kleinenbroich, Karte 6, A22)
Benannt nach dem hl. Laurentius von Rom (* evtl. in Osca (Spanien) oder Laurentum; † 10. August 258 in Rom), in Anlehnung an die schon vorhandene Antoniusstraße, war römischer Diakon zur Zeit des Papstes Sixtus II. und starb als christlicher Märtyrer, weshalb er als Heiliger geführt wird. Sein Fest ist der 10. August. (13)

Leharweg (Kleinenbroich, Karte 3, E10)

Franz Lehar, 1870-1948, österreichischer Komponist ungarischer Herkunft.
Er war der Komponist so bekannter Musikstücke wie „Die lustige Witwe", „Land des Lächelns", „Der Zarewitsch" und „Graf von Luxemburg". (13)

Lehmstraße (Liedberg, Karte 5, E20)

Man könnte meinen, die Lehmstr. hätte ihren Namen von Lehm, der vielleicht an der Straße gestochen wurde. Das kann zwar sein, wahrscheinlicher ist eine Deutung aus dem Ureuropäischen, lamika = lecken, feucht, lam = lem, und stroot von txorrota = Wasserhahn, also kleiner (nasser) Wald.

Leo-Töller-Straße (Glehn, Karte 8, B32)

Leo Töller wurde am 08.03.1901 in Glehn geboren und lebte am Schwohenend in Glehn. Er besuchte die Glehner Volksschule, absolvierte eine kaufmännische Lehre und war dann als Industriekaufmann in Neuss tätig. Neben seinen literarischen Arbeiten (er verfasste einige Bücher über die Glehner Landschaft und die Beziehung der Einwohner gegenüber dieser Landschaft) betätigte er sich auch als Maler und als Organisator von Theateraufführungen. Außerdem war er in vielen Glehner Vereinen aktiv und ein großer Heimatfreund. Leo Töller starb am 12.03.1967. (1)

Lessingstraße (Kleinenbroich, Karte 3, E9)

Gotthold Ephraim Lessing, 1729-1781, bedeutender Dichter der Aufklärung.

Mit seinen Dramen und seinen theoretischen Schriften, die vor allem dem Toleranzgedanken verpflichtet sind, hat dieser Aufklärer der weiteren Entwicklung des Theaters einen wesentlichen Weg gewiesen und die öffentliche Wirkung von Literatur nachhaltig beeinflusst.

Lessing ist der erste deutsche Dramatiker, dessen Werk bis heute ununterbrochen in den Theatern aufgeführt wird. (13)

Lichtstraße (Pesch, Karte 5, B18)

Benannt nach einem Flurnamen „im Licht", Flur in Pescher Engbrück, von Wald bestanden und unmittelbar an der Triet gelegen. Der Name ist ein altes Wasser- und Sumpfwort. Entspricht der Lage.

Die Lichtstraße meint einen kleinen Wald in der Nähe der Flur „Im Licht" zwischen Bahnlinie und der „Hüll" (Neusser Straße).

Licht zu urkeltisch leigo, ligo = lecken, irisch ligim ich lecke, ureuropäisch leka = Geifer, Schaum (11).

Liedberger Straße (Pesch, Karte 5, D19)
Liedberg von keltisch/irisch leitir = Bergabhang, ureuropäisch leize = Abhang. (11)

Liedberger Weg (Liedberg-Steinforth, Karte 7, E28)
Siehe Liedberger Str.

Lievensteg (Korschenbroich, Karte 1, E4)
Das Wort wird keltischen Ursprungs sein, lieven wie so oft ein Zusammenhang mit Wasser, lav = Wasser, waschen, steg = urkeltisch tegos = Haus, mit üblichem indogermanischem Anlaut-S zu Steg. Also ursprünglicher Sinn „Haus am Wasser". (11)

Ligusterstraße (Glehn, Karte 9, C33)
Benannt nach dem Strauch „Liguster" in Anlehnung an die schon vorhandenen Holunderstraße und den Schlehenweg im Strauchviertel in Glehn.

Lilienweg (Kleinenbroich, Karte 3, F9)
Benannt nach der Blumenart „Lilie" im Blumenviertel in Kleinenbroich. Ureuropäisch lili = Blume.

Lindenweg (Kleinenbroich, Karte 3, F9)
Benannt nach der Baumart „Linde" im Baumviertel in Kleinenbroich.

Lisztweg (Kleinenbroich, Karte 3, D11)

Franz Liszt, 1811-1886, Komponist, Pianist, Dirigent, Theaterleiter, Musiklehrer und Schriftsteller. Liszt war einer der prominentesten Klaviervirtuosen und einer der produktivsten Komponisten des 19. Jahrhunderts.
Er hat in vielen unterschiedlichen Stilen und Gattungen komponiert und war ein Wegbereiter der „pro-

grammatischen Musik" (sinfonische Dichtungen) und wird mit seinen
Hauptwerken zur „Neudeutschen Schule" gezählt. Er war Mitbegründer
des Allgemeinen Deutschen Musikvereins.
Im Alter von 54 Jahren empfing Liszt in Rom die „niederen Weihen" und
den Titel Abbé. (13)

Loosbenden (Liedberg, Karte 5, F19)
Von los, lus, urk. lussu= Kraut, auch als lüsch =Wasserpflanze; Benden =
feuchteWiesen. (11)
Vor 1975: Am Hoppbruch

Lüttenglehn (Glehn, Karte 9, C36)
1090-1120 Lutzellenglene (lt. Kirchhoff, Glehn, S. 28)
Von ureuropäisch. lut = lup, lupetza = Schlamm; zellen <> ureuropäisch
zelai = Wiese, Weide, Grünland, Feld. Also nicht Klein-Glehn, nicht wie
nddt. lüttje = klein, sondern nasses Feld oder Grünland. (11).
Vor 1975: Landstraße

Luise-Hensel-Straße (Korschenbroich, Karte 4, B16)

Luise Hensel, 1798-1876, religiöse Dichterin.
Luise Maria Hensel war die Schwester des Malers Wilhelm Hensel und Schwägerin der Komponistin Fanny Hensel, geb. Mendelssohn, und
des Komponisten Felix Mendelssohn (13)

Luisenstraße (Glehn, Karte 8, B31)
Benannt nach dem Frauennamen „Luise", im Viertel der
Frauennamen in Glehn.

M

Maarweg (Korschenbroich, Karte 4, D15)
In dem Namen steckt ein „Moor" oder ein „Meer" (mer,
mar, mor = Sumpf, Meer). Zumindest führt der Weg in ein Sumpfgebiet,
nämlich Trietenbroich, ist also plausibel.
Südöstlich der Siedlungsstätte in Trietenbroich am Maarweg
bezeichneten die Anwohner ein Gelände mit einer muldenartigen Vertiefung und einem Grabenrest als „am versunkenen Schloß" (Nauen). (11)

Mainstraße (Kleinenbroich, Karte 6, A22)
Benannt nach dem Fluß „Main" im Flüsseviertel in Kleinenbroich.

Maria-Merian-Straße (Korschenbroich, Karte 4, C15)

Maria Sibylla Merian (1647-1717), frühe Naturfor-
scherin und bedeutende Künstlerin. Sie gehört zur
jüngeren Linie der Familie Merian.
Ihre künstlerische Ausbildung erhielt sie von ihrem
Stiefvater Jacob Marrel, einem Schüler des Stillle-
benmalers Georg Flegel.

Bis 1670 lebte sie in Frankfurt am Main, danach in
Nürnberg, Amsterdam und Westfriesland.
Durch den Gouverneur der holländischen Kolonie
Surinam, Cornelis van Sommelsdijk, wurde sie angeregt, ab 1699 eine
zweijährige Reise in diesen südamerikanischen Küstenstaat zu unternehmen.
Nach Europa zurückgekehrt publizierte Maria Sibylla Merian ihr Haupt-
werk Metamorphosis Insectorum Surinamesium, das die Künstlerin berühmt machte.
Wegen ihrer genauen Beobachtungen und Darstellungen zur Metamorphose
der Schmetterlinge gilt sie als wichtige Wegbereiterin der modernen Insek-
tenkunde (Entomologie). (13)

Marienkirchstraße (Pesch, Karte 5, C18)
Bezieht sich auf die Marienkirche in Pesch.
Vor 1975: Marienstraße

Marienstraße (Glehn, Karte 8, B31)
Benannt nach Maria, der Mutter Jesu.

Martin-Luther-King-Straße (Korschenbroich, Karte 4, C16)

Martin Luther King (1929-1968), amerikanischer Baptistenpastor und Bürgerrechtler. Er zählt in der weltweiten Öffentlichkeit zu den bedeutendsten Vertretern des Kampfes gegen soziale Unterdrückung und Rassismus.
In den Vereinigten Staaten war er zwischen Mitte der 1950er und Mitte der 1960er Jahren der bekannteste Sprecher der amerikanischen Bürgerrechtsbewegung.
In dieser Bewegung propagierte er den zivilen Ungehorsam als Mittel gegen die politische Praxis der Rassentrennung in den Südstaaten der USA, und nahm selbst an entsprechenden Aktionen teil. Wesentlich durch Kings Einsatz und Wirkkraft war die Bürgerrechtsbewegung zu einer Massenbewegung geworden, und erwirkte letztlich die gesetzliche Aufhebung der Rassentrennung und die Durchsetzung des uneingeschränkten Wahlrechts für die schwarze Bevölkerung der US-Südstaaten. Kings Engagement für soziale Gerechtigkeit führte dazu, dass ihm 1964 der Friedensnobelpreis verliehen wurde. Am 4. April 1968 um 18:01 Uhr wurde King auf dem Balkon des Lorraine Motels erschossen. (13)

Martin-Luther-Straße (Kleinenbroich, Karte 6, A21)

Martin Luther (1483-1546), theologischer Urheber und Lehrer der Reformation. Als zu den Augustinermönchen gehörender Theologieprofessor vollzog er eine Wende in seinem Glauben und Denken, nach der er sich ausschließlich an Jesus Christus als dem „fleischgewordenen Wort Gottes"
orientierte.

Nach diesem Maßstab wollte er Fehlentwicklungen der Christentumsgeschichte, die es nach seinem Urteil gab, überwinden.

Seine Betonung der Gnade Gottes, seine Predigten und Schriften – besonders seine Lutherbibel – veränderten die von der römisch-katholischen Kirche dominierte Gesellschaft im ausgehenden Mittelalter und der beginnenden Neuzeit nachhaltig. Sie wurden von einigen europäischen Fürstentümern des 16. Jahrhunderts dazu genutzt, die Zentralmächte von Papst und Kaiser zurückzudrängen.

Unter ihrem Einfluss kam es entgegen Luthers Absicht zu einer Kirchenspaltung, zur Bildung evangelischlutherischer Kirchen und weiterer Konfessionen des Protestantismus. (13)

Martinsgasse (Kleinenbroich, Karte 2, F8)
Siehe Martinshütte.

Martinshütte (Kleinenbroich, Karte 2, F8)
Ein Bezug zu dem heiligen Martin ist nie gefunden worden.
Eher kann eine versunkene Sprache die Grundlage für den Namen sein.
Urkeltisch maros = groß, irisch mar, mor = groß tin, tim, urkeltisch
(s)tenovo = Tal, cymrisch tyno, großes Tal oder ureuropisch martin, darin
mar = Wasser und tin = zingira = Morast, Sumpf.
Eine landschaftsbezogene Deutung des Namens. Es kann darin die Triet
oder ein Vorläufer des Schelsener Bachs gemeint sein.
Hütte kommt von ureuropäisch sutondo = Kamin, eine Hütte ist also da, wo
eine Feuerstelle ist. (S von sut wird zu H umgewandelt und ergibt Hütte)
(11).

Martinshütterweg (Kleinenbroich, Karte 2, F8)
Siehe Martinshütte

Maternusstraße (Kleinenbroich, Karte 6, B22)
Maternus (Heiliger, Fest: 14. September; † um 328) war vielleicht dritter
Bischof von Trier, wird als erster geschichtlich bezeugter Bischof von Köln
(Civitas Agrippinensium) in den Jahren 313 und 314 als Teilnehmer an

Konzilien in Rom und Arles erwähnt. Er gilt als Patron gegen Fieber, bei ansteckenden Krankheiten und für das Gedeihen von Weinreben. (13)
Vor 1975: Kirchstraße

Matthias-Claudius-Straße (Korschenbroich, Karte 4, B16)

Matthias Claudius (1740-1815), Dichter und Journalist, bekannt als Lyriker mit volksliedhafter, intensiv empfundener Verskunst. (13)

Matthias-Hoeren-Platz (Korschenbroich, Karte 4, B16)
Matthias Hoeren (* 7. Januar 1916 in Korschenbroich; † 4. März 1997) war ein Korschenbroicher Kommunalpolitiker und ehrenamtlicher Landrat (CDU).
Nach dem Schulbesuch war Hoeren als Landwirt in Raderbroich tätig. Ab 1950 leitete er den CDU-Ortsverband Korschenbroich-Pesch.
Dem Kreistag des Kreises Grevenbroich gehörte er vom 2. Dezember 1952 bis zur Gebietsreform am 31. Dezember 1974 an, dem des Kreises Neuss vom 1. Januar 1975 bis zum 18. Oktober 1989. Von 1948 bis 1975 war Hoeren Mitglied der Amtsvertretung des Amtes Korschenbroich.
Dem Rat der Gemeinde Korschenbroich gehörte er ab 1948 an.
Vom 12. April 1961 bis ununterbrochen zum 18. Oktober 1989 war er Landrat der Kreise Grevenbroich und Neuss.
Von 1951 bis 1975 war er Bürgermeister der Gemeinde Korschenbroich.
Hoeren war in verschiedenen Gremien des Landkreistages NW tätig.
Am 13. Juni 1973 wurde ihm das Bundesverdienstkreuz I. Klasse verliehen. Den Verdienstorden des Landes Nordrhein-Westfalen erhielt Hoeren am 26. Oktober 1990.

In Korschenbroich wurde der Matthias-Hoeren-Platz, auf dem auch ein Denkmal von ihm aufgestellt wurde, nach ihm benannt.
Dieses Denkmal wurde von Dieter Patt, der ab 1996 Landrat im Rhein-Kreis-Neuss war, geschaffen. (13)

Matthiasstraße (Kleinenbroich, Karte 6, A21)
Matthias ist eine Kurzform des biblischen Namens (griechisch) Mattathias (13) Der Straßenname kann auch in Anlehnung an die St. Matthiasbruderschaft und ihre jährlichen Matthiaspilgerschaften nach Trier gegeben sein.
Früher: Bachweg
Vor 1975: Bachstraße

Mendelssohnweg (Kleinenbroich, Karte 3, D11)

Jakob Ludwig Felix Mendelssohn Bartholdy, 1809 – 1847, Komponist, Pianist und Organist.
Er gilt als einer der bedeutendsten Musiker der Romantik, weltweit erster Dirigent in heutiger Funktion und Gestalt, Gründer der ersten Musikhochschule in Deutschland und „Apostel" der Werke Händels und J. S. Bachs, da er die fast in Vergessenheit geratenen Werke wieder aufführen ließ. (13)

Mergelweg (Lüttenglehn, Karte 9, C36)
Über den Mergelweg werden in früheren Jahrhunderten die Fahrzeuge gefahren sein, die den Mergel aus der Glehner Gegend abgefahren haben.
Mergel ist ein natürlich vorkommender Boden, der besonders viel Kalk oder auch Ton enthält und deshalb als Dünger verwendet wurde.
So spricht man auch von Kalkmergel oder Tonmergel.
Wenn einem Boden zu viel Kalk entzogen ist, spricht man von „ausgemergelt". (13)

Meutersweg (Korschenbroich, Karte 4, C15)
Erinnerung an eine Schneiderfamilie, die dort ein Haus besaß. (10)

Mistelweg
Der Name *Mistel* (mhd. *mistel*, ahd. *mistil*) ist mit vaskonisch
/ureuropäisch biska = Vogelleim und lateinisch viscum = Vogelleim
verwandt. bis = vis = mis. Ein verwandtes Wort ist ist "fies". Mistel hat
also nur entfernt mit Mist zu tun.
Misteln sind halbparasitische Sträucher. In der alternativen Medizin
werden Mistelnpräparate gegen Krebserkrankungen eingesetzt.

Mörikestraße (Korschenbroich, Karte 1, E4)

Eduard Friedrich Phillip Mörike, 1804-1875, Lyriker
der Schwäbischen Schule, Erzähler und Übersetzer.
Trotz der späten Ehrungen erkannten zu Lebzeiten
Mörikes nur wenige dessen literarische Bedeutung.
Jakob Burckhardt gehörte zu ihnen, oder Theodor
Storm und Iwan Turgenew.
Die Arbeiten Mörikes zählen zu den bedeutenden
Werken der deutschen Literatur des 19. Jahrhunderts.
(13)

Moselstraße (Kleinenbroich, Karte 6, A22)
Benannt nach dem Fluß Mosel, sie liegt im Flüsseviertel in
Kleinenbroich. Name kommt von ureuropäisch mosella = kleine Maas.

Mozartweg (Kleinenbroich, Karte 3, D10)

Wolfgang Amadeus Mozart, 1756-1791, Komponist
zur Zeit der Wiener Klassik. Sein umfangreiches
Werk genießt weltweite Popularität und gehört zu den
bedeutendsten im Repertoire der klassischen Musik.
(13)

Mühlengasse (Liedberg, Karte 7, B28)

Der Name der Gasse bezieht sich auf die Windmühle in Liedberg, die 1572 auf einem alten Turm, dem letzten Überrest der ersten Liedberger Burg, einem Bergfried, errichtet wurde.
1836 riß ein gewaltiger Sturm große Teile der Windmühle herunter. Seit 1855 steht der Mühlenturm ohne Mühle da. (4).

Mühlenkamp (Liedberg, Karte 5, F18)

Als Mühlenkamp wird häufig die Umgebung einer alten Mühle in Steinhausen bezeichnet, die 1371 in einer Urkunde erwähnt wird. 200 Jahre später wird sie nicht mehr genannt. (4)

Mühlenstraße (Korschenbroich, Karte 4, A15)

Auf der Myllendonk bot die wasserreiche Niers die beste Gelegenheit für die Anlage von Mühlen. Sie waren hier, wie überall, in das alleinige Recht des Grund- bzw. Landesherren übergegangen. Die Mühlenwege genossen besonderen Rechtsschutz. Die drei wichtigsten Mühlen waren die Klippertzmühle, die Ölmühle und die Neue Mühle. (1)

Mühlenweg (Pesch, Karte 5, B20)

Der Mühlenweg hält die Erinnerung wach an einen Weg zur Mühle im Eickerend (Eicker = Mühle) in Kleinenbroich, der von Schlich über Pescher Engbrück zum Norden Kleinenbroichs (und der dortigen Mühle am Jüchener Bach) führte. Siehe auch Eickerender Feld.

Mutter-Teresa-Straße (Korschenbroich, Karte 4, B15)

Mutter Teresa (1910-1997), war eine durch ihre humanitären Hilfsprojekte für Arme weltweit bekannte katholische Ordensschwester und Trägerin des Friedensnobelpreises (1979).

Als römisch-katholische Ordensschwester, zuerst im Loreto-Orden und später in dem von ihr gegründeten Orden der „Missionarinnen der Nächstenliebe", führte sie ein Leben nach den Evangelischen Räten. Von der römisch-katholischen Kirche wurde sie 2003 seliggesprochen. (13)

Myllendonker Straße (Korschenbroich, Karte 1, D2)

Schloß Myllendonk bietet das Bild einer malerisch reizvollen Wasserburg aus dem Mittelalter, erstellt aus gotischen und barocken Bauteilen.

Das Schloß ist heute von einer schönen Golfanlage umgeben. Ausgedehnte Grabensysteme umgaben einst die beiden Vorburgen und das Hochschloß,

gespeist von der unmittelbar westlich der Anlage vorbeifließenden Niers.

Im Osten befindet sich die äußere Vorburg mit ihrem mächtigen dreiflügeligen Wirtschaftshof, in dessen Mitteltrakt über eine Brücke durch ein Torhaus der Zuweg in den Hof führt. Nach Westen schließt sich die innere Vorburg an; auch sie wird durch ein aufwendig gestaltetes Tor mit Torturm erreicht. Ihr folgt nach Westen zu die Hauptburg mit dem Hochschloß.

Alle drei Teile der Burg sind durch eigene Grabensysteme gesichert und
durch querlaufende Grabenabschnitte voneinander getrennt. Mit Vorbe-
dacht ordneten die Erbauer die beiden Vorburgen und die Hauptburg in
einer Reihe von Osten nach Westen so an, daß die Hauptburg der ver-
sumpften unzugänglichen Niersniederung zugewandt war, die Vorburgen
hingegen zur Angriffsrichtung.
An der Hauptburg imponiert vor allem der mächtige viergeschossige
Hauptturm im Westen. Er stammt noch aus dem ausgehenden 15. oder 16.
Jahrhundert und erinnert durchaus an die mittelalterlichen Wehrtürme. Dieser Hauptturm trägt eine Barockhaube des 17. Jahrhunderts.
Im Jahre 1630 wurde diesem Baubestand ein weiterer Turm
hinzugefügt: der sechsgeschossige Nordostturm, durch den der alte Turm
im Südwesten des Schlosses ein Pendant erhielt. Die Burg war der Sitz der
Herren von Myllendonk, die erstmalig 1166 erwähnt werden.
Diese Familie gehörte zu den bedeutendsten Adelsgeschlechtern am Nie-
derrhein. Als sie im 13. Jahrhundert ausstarb, folgten ihr die Herren von
Reifferscheid und die von Mirlaer. Seit dem 17. Jahrhundert wechselten
ihre Besitzer häufiger. Seit 1832 ist die Anlage Eigentum der Familie von
Wüllenweber. (12)
Myllendonk ist ein geographischer Name.
Donk bedeutet „Hügel in Sumpfgegend“, ureuropäisch tontor
= Hügel, Anhöhe mit Plural-k zu Donk. Myl, mil geht auf
ureuropäisch milikatu = ablecken, feucht werden, zurück.

N

Neersener Weg (Korschenbroich, Karte 1, B2)
Der Name Neersen leitet sich von dem Fluß Niers ab.
Die Niers ist ein Grenzfluß zwischen Mönchengladbach und
Korschenbroich.
Sie ist die vorgermanische Nersa, nach dem keltischen (und
wahrscheinlich bei den Eburonen verbreiteten) Matronenkult der
Nersihenae genannt. Nersihenae = ner-bio-gaixo = nervenkrank, si-rats =

Schicksal, hen = hel = Hilfe. Man erflehte durch einen Weihestein die Hilfe der Matrone (vielleicht Göttin) Nersihena.

Nelkenweg (Kleinenbroich, Karte 3, F9)
Benannt nach der Blume „Nelke" im Blumenviertel in Kleinenbroich.

Neu-Schanzerhof (Glehn, Karte 9, D33)

Der Name Schanzerhöfe hat sich wohl aus dem Familiennamen "Scharant" entwickelt. Ursprünglich hat es nur den "Scharantshof" gegeben, aus dem später die Gruppe der Schanzerhöfe entstanden ist. Der ehemalige Schanzerhof wurde 1475 im Burgundischen Krieg zerstört. Er stand in einem Feld zwischen Epsendorf und Glehn. In der Nähe von Glehn wurde er wieder aufgebaut. Die erste Teilung in Alt- und Neu-Schanzerhof wurde 1818 vorgenommen. 1920 erfolgte eine weitere Teilung in Alt-Schanzerhof I und II. Im Mittelalter war der Hof ein Ritterlehen der Herren von Dyck. (13)

Neu-Schlickums-Hof (Glehn, -)
Neu-Schlickums-Hof ist ein Aussiedlerhof in Lüttenglehn.

Neusser Straße (Korschenbroich, Karte 5, A18)
Benannt nach der Stadt Neuss. Der Name Neuss, latinisiert Novaesium, ist wahrscheinlich ureuropäischen Ursprungs und läßt sich von no-nahi = überall und basa = Schlamm oder baso = Wald ableiten.
Das würde "überall Schlamm" oder "überall Wald" bedeuten.

Neustadt (Korschenbroich, Karte 4, D14)
Im Süden von Neersbroich gelegen, hat die Straße dieses Namens nichts zu tun mit alter oder neuer Stadt. Vielmehr ist Stadt ein alter geographischer Name aus urkeltischer Zeit.

Bedeutung: Urkeltisch ta = zerfließen, tauen, cymrisch (walisisch) tawdd = schmelzen, toddi = schmelzen, mit vorgesetztem Anlaut-S ergibt Stad = Sumpf, Moor, oder Eßtad. Also stadt = Sumpfgebiet, was der geographischen Lage entspricht. (11)

Neustraße (Glehn, Karte 09, D34)
Besagt, dass die Straße zumindest eine der neueren ist.

Nikolausstraße (Kleinenbroich, Karte 3, F9)

Nikolaus von Myra, 286-365, einer der populärsten Heiligen der Ost- und Westkirche.
Sein Gedenktag, der 6. Dezember, wird in zahlreichen christlichen Glaubensgemeinschaften als kirchlicher Feiertag begangen.
Nikolaus wirkte in der ersten Hälfte des 4. Jahrhunderts als Bischof von Myra in der kleinasiatischen Region Lykien, damals Teil des Römischen, später des Byzantinischen Reichs. (13)
Vor 1975: Martinstr.

Nöhlenweg (Korschenbroich, Karte 2, E6)
Benannt nach der Familie Nöhlen, die einen Hof in Korschenbroich besaß. (1)

Nordstraße (Kleinenbroich, Karte 3, F10)
Benannt nach der Richtung, in die diese Straße führt.

Novalisstraße (Korschenbroich, Karte 1, E4)

Georg Philipp Friedrich Freiherr von Hardenberg, genannt Novalis (1772-1801), Schriftsteller der Frühromantik, Philosoph und Bergbauingenieur. (13)
Vor 1975: Eichendorffstraße

O

Oberstraße (Glehn-Lüttenglehn, Karte 9, C36)
Wir vermuten, dass zuerst die Unterstraße benannt wurde.
Danach bildete Oberstraße den logischen Gegensatz zu Unterstraße, zumal
sie wirklich die höhere Lage anzeigt (in Lüttenglehn).

Orchideenweg (Kleinenbroich, Karte 3, F9)
Benannt nach der Blumenart im Blumenviertel in Kleinenbroich.
Vor 1975: Rosenweg

Oststraße (Kleinenbroich, Karte 3, E10)
Benannt nach der Richtung, in die diese Straße führt.
Von 1933-1945: Adolf-Hitler-Straße (20)

Ottostraße (Glehn, Karte 9, B33)

Nicolaus August Otto, 1832-1891, Erfinder des nach
ihm benannten Ottomotors. Er gründete 1872 die
„Gasmotoren-Fabrik Deutz AG", die heutige DEUTZ
AG., die als technischen Direktor Gottlieb Daimler
und Wilhelm Maybach als Leiter der
Motorenkonstruktion engagierte.
Im Jahre 1876 gelang es Otto, finanziell unterstützt
von Eugen Langen, einen Viertaktgasmotor mit ver-
dichteter Ladung zu entwickeln, welcher aber erst durch Wilhelm Maybach
die Serienreife erlangte.
Dieser Motorentyp ist die Grundlage für den Bau von Verbrennungsmoto-
ren bis zum heutigen Tag (deshalb auch immer noch der Name Ottomotor
für alle Benzinmotoren mit Fremdzündung und Hubkolbenantrieb). (13)

P

Pankratiusplatz (Glehn, Karte 6, B32)
Der Platz hat seinen Namen nach der Glehner Pfarrkirche, die dem
hl. Pankratius geweiht ist.

Pappelweg (Korschenbroich, Karte 5, C17)
Der Pappelweg hat seinen Namen von den Pappeln, die dort in der Nähe
standen.

Pastoratsstraße (Korschenbroich, Karte 2, D5)
Pastorat ist ein üblicher Ausdruck für einen Wohnsitz eines katholischen
Pastors, auch dessen Amtssitz so genannt.
Wenn allerdings ein Weg in den Wald führt, wo nirgends und nie ein
Pastorat gewesen ist, wird der Namenforscher mißtrauisch.
Vermutlich von irisch bass oder bos = Klaue, Huf oder Rindvieh, von urkeltisch bousso= Rindvieh;
cymrisch to = Präposition mit Dativ, deutsch etwa „zu" oder „auf";
cymrisch rhath = Fläche, Ebene,Wiese, urkeltisch razd = reiben, glätten;
straße = stroot = kleines nasses Gehölz, urkeltisch srutu = Fluß > also „nasses Gehölz an einer Kuhwiese" (11)

Paul-Klee-Straße (Korschenbroich, Karte 4, B15)

Paul Klee, 1879-1940, Maler und Grafiker, dessen
vielseitiges Werk dem Expressionismus, Konstrukti-
vismus, Kubismus, Primitivismus und dem Surrealismus zugeordnet wird. Wie sein Freund, der russi-
sche Maler Wassily Kandinsky, lehrte Klee ab 1920
am Bauhaus in Weimar und später in Dessau.
Ab 1931 war er Professor an der Kunstakademie Düsseldorf. Paul Klee gehört zu den bedeutendsten bil-
denden Künstlern der Klassischen Moderne des 20.
Jahrhunderts. (13)

Pescher Straße (Pesch, Karte 5, B17)

Pesch, Ortsteil von Korschenbroich.

Allgemein wird Pesch auf lat. „pascua = Weide" zurückgeführt.

Dieser lateinischen Ableitung wollen wir uns nicht anschließen.

Pesch im Rheinland wird auch lang als „Peisch" ausgesprochen für Weide hinter dem Hause.

Das „Pas" könnte auf idg. „bos" zurückzuführen sein und bedeutet Rindvieh. Eine andere Deutung geht von ureurop. "bazka" aus, bazka = Futter, bazkatu = weiden. Wir nehmen an, dass sowohl das lateinische pascua wie unser Pesch und peisch aus dem Ureuropäischen stammen (11).

Um 1810: z.T. Plankstraße

Vor 1975: Korschenbroicher Straße

Pestalozzistraße (Kleinenbroich, Karte 6, A21)

Johann Heinrich Pestalozzi, 1746-1827, Schweizer Pädagoge, Philanthrop, Schul- und Sozialreformer, Philosoph und Politiker.

Er gilt als Vorläufer der Anschauungspädagogik und der daraus Ende des 19. Jahrhunderts entstandenen Reformpädagogik.

Sein pädagogisches Ziel war die ganzheitliche Volksbildung zur Stärkung der Menschen für das selbständige und kooperative Wirken in einem demokratischen Gemeinwesen. Die Eltern sollten befähigt werden, mit dieser Bildung im Elternhaus zu beginnen und ihren Kindern entsprechende Vorbilder zu sein.

Viele seiner Grundideen findet man in der modernen Pädagogik wieder.

Der Grundsatz von Pestalozzis Pädagogik ist, ein sicheres Fundament an Elementarbildung zu legen, das den Menschen befähigt, sich selbst zu helfen (dem ähnelt das Motto „Hilf mir, es selbst zu tun" der späteren Montessoripädagogik). (13)

Peter-Gens-Straße (Pesch, Karte 5, D19)

Peter Gens (*2. Dezember 1725, geweiht 18.3.1752, +unbekannt), ein Geistlicher, entstammt der Familie Gens, die seit 1700 auf Stepprath ansässig sind, die 1835 Eigentümerin des Hofes wurde und noch bis 1976 Stepprath bewohnten. (4)

Peter-Irmen-Straße (Korschenbroich, Karte 5, B17)
Peter Irmen, (*22.5.1859 in Mönchengladbach, +2.7.1930 in Mönchengladbach), war ein Mönchengladbacher Industrieller, der sich mit seiner Tuchfabrik 1910 mit 150 Beschäftigten und 80 Webstühlen in Korschenbroich niederließ, weil er dort kostenloses Grundwasser zur Verfügung gestellt bekam.
Der hatte einst das Privileg, von seinem Wohnort Mönchengladbach kommend den Zug als Einziger am Bahnübergang Mühlenstraße verlassen zu dürfen.

Das Unternehmen bestand bis zum Jahre 2000.
Ende 2000 schloß das Unternehmen, das seit dem Ende der sechziger Jahre etliche Eigentümerwechsel erleben mußte, für immer seine Pforten - zuletzt waren dort noch 185 Menschen beschäftigt gewesen. (Neuss-Grevenbroicher Zeitung, 21.4.2002)
Zur Erinnerung steht in der Peter-Irmen-Straße eine Stele mit Büste des Namengebers, ursprünglich 1964 auf dem Werksgelände aufgestellt, dann wiedererrichtet 2002 von der Stadt Korschenbroich an der Peter-Irmen-Straße. (13)

Pfarrer-Spülbeck-Straße (Korschenbroich, Karte 1, E4)
Eduard Spülbeck, (*26.9.1907 in Mönchengladbach, +3.9.1983 in Korschenbroich) geweiht Ostern 1934, bis 1939 Kaplan in Rötgen/Eifel, anschließend Kaplan in Kleinenbroich.

 Januar 1940 zur Wehrmacht einberufen, Wehrmachtspfarrer, meist in Frankreich.

Von September 1944 in Gefangenschaft, blieb freiwillig in englischer Gefangenschaft bis 1948, um seine gefangenen Kameraden betreuen zu können.

Ab 1948 Rektor und Pfarrer in Herrenshoff. Es gelang ihm damals, die vielen Neuzugezogenen in das Gemeindeleben zu integrieren. In dieser Zeit hat er die Pfarrgemeinde Herz Jesu wesentlich geprägt. Unter seiner Regie wurde die Pfarrkirche erweitert. (1) (9)

Püllenweg (Kleinenbroich, Karte 6, A21)
Benannt nach dem Püllenhof, der bis etwa 1880 bestand und am Püllenweg lag, rechterhand von Rhedung aus gesehen.
Der Name des Püllenhofes, auch Bollenhof genannt, leitet sich von pul als Variante von pol = Sumpf ab. Poll im Inselkeltischen = Fluß, Strom, cymrisch pwll (gesprochen poll) =Weiher, Pfütze, Tal. (11)

R

Raderbroich (Korschenbroich, Karte 2, E5)
Vermutlich von urkeltisch (p)ratis = Farn, cymrisch (walisisch) rhedyn = Farnkraut, cornisch (Cornwall) reden, mittelbretonisch raden; (11)

Raitz-von-Frentz-Straße (Kleinenbroich, Karte 6, C22)
Der Name des Bauherrn des Kleinenbroicher Hagelkreuzes Freiherr Raitz von Frentz aus Schlenderhan, Herr auf Haus Randerath, ist insofern interessant, als die Namensbestandteile aus dem Keltischen
erklärbar sind.
"Raitz" entspricht rhath =Wiese, "Frentz" entspricht pren = Baum, germanisiert zu "fren", mit Ergänzung keiton =Wald, Heide, altcymrisch coit zu "tz", "Schlenderhan" entspricht urkeltisch lendu =
Wasser, Pfuhl, See mit Anlaut-S und (p)ana = Sumpf zu "han" durch Ergänzung eines Anlaut-H. (11) *Vor 1975: Neußer Straße*

104

Regentenstraße (Korschenbroich, Karte 5, B17)
Regent (lat. regere „regieren, lenken, leiten") steht für:
- den amtierenden, regierenden Monarchen, siehe Herrscher,
- den Stellvertreter eines Monarchen, wenn dieser die Herrschaft
  nicht ausüben kann, siehe Regentschaft.
Die Straßenbezeichnung ist heute eine überholte Reverenz an eine nicht-
demokratische Staatsführung. Aber das halten wir aus, so tolerant sind wir
doch.
Von 1933-1945: Albert-Leo-Schlageter-Straße (2)

Rhedung (Kleinenbroich, Karte 2, E8)
Die gängige Erklärung besagt „Ried – donk". Doch ist auch rad, red, mög-
lich, ja wahrscheinlich, da mit –donk zusammengesetzt.
Vermutlich von ureuropäisch (r)adar = Nebenfluß und könnte den heutigen
Jüchener Bach als früheren Nebenfluß der Triet meinen. (11)

Rheinstraße (Kleinenbroich, Karte 6, A22)
Benannt nach dem Flusse Rhein, im Flüsseviertel in Kleinenbroich.

Rheydter Straße (Korschenbroich, Karte 4, D14)
Der Name Rheydt läßt sich von urkeltisch (p)rtu = Übergang, cymrisch
rhyd = Furt, Brücke ableiten (11).

Rigoberta-Menchu-Straße (Korschenbroich, Karte 4, B16)

Rigoberta Menchu, geb. 1959, guatemaltekische Men-
schenrechtsaktivistin. 1992 erhielt sie als bisher
jüngste Preisträgerin den Friedensnobelpreis.
Sie kandidierte im September 2007 für das Amt der
Präsidentin Guatemalas.
Sie genoß das Privileg, ein katholisches Internat zu
besuchen, in dem sie mit den Ideen der Befreiungs-
theologie und der Frauenbewegung in Berührung kam,
die sie nachhaltig beeinflussten.
Ihre Familie stand der linken Guerillabewegung nahe.

Mit 23 Jahren ist sie ein Gründungsmitglied der Organisation zur Dokumentation und Anklage von Menschenrechtsverletzungen. (13)

Rittergut Birkhof (Glehn, Karte 9, B36)
Bis zur Säkularisation durch die Franzosen war der Birkhof im Besitz des

Deutschen Ordens, dem dieses ehemalige Gut eines Neusser Bürgers Mitte des 13. Jahrhunderts als Hospital gestiftet worden war. Nach 1814 erwarb der damalige Pächter Weidenfeld den Birkhof als Eigentum. Er ist bis heute im Besitz der Familie. (12)

Robert-Bosch-Straße (Korschenbroich, Karte 4, A16)

Robert Bosch,1861-1942, Industrieller.
Am 15. November 1886 eröffnete Robert Bosch in Stuttgart, in der Rotebühlstraße 75 B mit einem Gesellen und einem Lehrling eine „Werkstätte für Feinmechanik und Elektrotechnik" (heute Robert Bosch GmbH). (13)

Rochusstraße (Korschenbroich, Karte 4, B15)

Die Rochusstraße ist nach dem heiligen Rochus benannt, Rochus von Montpellier (~1295–1327), Schutzpatron gegen die Pest. (13)
Die Rochuskapelle am Waldfriedhof in Korschenbroich hatte ihren ersten Standort an der Rochusstraße.

Röhrichtweg (Korschenbroich, Karte 4, B 15)
Das Schilfrohr ist eine weltweit verbreitete Art der Süßgräser und
wird auch allgemein als Schilf bezeichnet.
Das Schilfrohr ist eine Sumpfpflanze. Die Normalform, wird maximal vier Meter hoch. In der Hauptwachstumsperiode des Schilfrohrs
verlängern sich die Rhizome an der Spitze täglich um bis zu drei
Zentimeter. Die ältesten Rhizomteile sterben jeweils ab (Wurzel-
kriech- und Verlandungspionier).
Die vegetative Vermehrung erfolgt in starkem Maße durch die bis zu
20 Meter langen Ausläufer sowie durch niederliegende, sich an den
Knoten bewurzelnde Halme (Legehalme). Ganze „Schilfbestände" stellen oft nur eine einzelne Pflanze dar. Im Donaudelta fand
man Pflanzen, deren Alter auf ca. 8000 Jahre geschätzt wurde. Große
Schilfbestände bieten zahlreichen Vögeln Schutz.(13)

Rosenweg (Korschenbroich, Karte 1, E3)
Benannt nach der Blume Rose im Blumenviertel in Herrenshoff.

Rotdornstraße (Glehn, Karte 9, C33)
Benannt nach der Strauchart Rotdorn im Sträucherviertel in Glehn.

Rubbelrath (Liedberg-Rubbelrath, Karte 8, E29)
Rubbelrath um 1150 Rubolderode?, 1435 Robelray (lt. Kirchhoff, Glehn S.
28) (15) Von ureuropäisch uberka = Flußbett, (r zu l), > ubel und Wegfall
des Anlaut-R;
Ureuropäisch rath = Festung, vgl. irisch rati = Erdwall, Erdbank.
Also benannt nach einer prähistorischen Burganlage am Ufer eines Flusses,
vielleicht ist die Anlage am Vorster Hof damit gemeint. (11)
Vor 1975: Glehner Str.

Rubensweg (Korschenbroich, Karte 4, B15)
Peter Paul Rubens, 1577-1640, war einer der bekanntesten Maler des Ba-
rock und Diplomat der spanisch-habsburgischen Krone flämischer Herkunft.

Peter Paul Rubens wurde vermutlich am 28. Juni 1577 als Sohn von Jan Rubens und Maria Pypelincks in Siegen geboren. Sein Vater war ein in Italien ausgebildeter Rechtsanwalt und Schöffe in Antwerpen.

1568 musste er mit seiner Familie im Zuge der Religionsunruhen – Jan Rubens war reformiert – nach Köln fliehen und arbeitete als Berater von Anna von Sachsen, der Gemahlin von Wilhelm von Oranien. (13)

Rurstraße (Kleinenbroich, Karte 6, A22)
Benannt nach dem Fluß Rur, im Flüsseviertel in Kleinenbroich. Das Wort Rur kommt aus dem Ureuropäischen, (r)ur =Wasser.

S

Saarstraße (Kleinenbroich, Karte 6, A22)
Benannt nach dem Fluß Saar, im Flüsseviertel in Kleinenbroich.
Saar von ureuropäisch sarda = Fischschwarm.

Salierstraße (Liedberg, Karte 5, F19)
Die Salier sind der Kernstamm der Franken. Das fränkische Adelsge-
schlecht hatte seinen Macht- und Besitzschwerpunkt im Nahe-, Speyer- und
Wormsgau. Mit Konrad II erlangten die Salier 1024 die Herrschaft im hei-
ligen Römischen Reich. 1125 erlosch die Dynastie mit Heinrich V. Die
Staufer traten ihr Erbe an. (1)

Schaffenbergstraße (Korschenbroich, Karte 1, D3)
Erinnerung an den nicht mehr existierenden Hof Schaffenberg. (1)

Schanzerhöfe (Glehn, Karte 9, D33)
Ganz früh war der Schanzerhof ein Ritterlehen von Dyck. Von 1337 kennen wir noch den Namen des Belehnten; es war Mathias Scharant. Nach
ihm hieß der Hof zunächst Scharantzhof, daraus entwickelte sich, so wird
vermutet, der Name Schanzerhof. Da er später in mehrere Höfe geteilt wurde, heißt die Straße Schanzerhöfe. (13)

Schelsener Straße (Liedberg, Karte 7, B27)
Schelsen heißt in älteren Überlieferungen „Schechtelhausen". Der Name
wird vermutlich von ureurop. saiheska = schräg und talaia = Wachtturm
kommen. Schelsen liegt auf einer der ersten Anhöhen, unten die Sumpforte
und so zur Beobachtung der Umgebung sehr geeignet. (11)
Vor 1975: Dorfstraße (Stichstr. zur B230)

Scherfhausen (Glehn, Karte 8, D32)
Scherfhausen wurde 1166 Scheterhusen, Schetershusen (nach Gysseling)
genannt. Aber daher kann der Name Scherfhausen nicht kommen.

Das „f" in Scherf deutet darauf hin, dass Scherf ein sogenannter Apa-Name ist. So fließt ein Bach namens Scherfbach (Scherve 1218) bei Odenthal im Bergischen Land.
Ureuropäisch sar-da = Fischschwarm und apa = f = Bach, also "fischreicher Bach"
Vor 1975: Dorfstraße

Schiefbahner Straße (Kleinenbroich, Karte 3, E9)
Schiefbahn (Stadt Willich) kann von keltisch/irisch siabh = Schwemmland und ebenso keltisch (p)an = Sumpf abgeleitet werden. (11)

Schilfrohrweg (Korschenbroich
Das Schilfrohr ist eine weltweit verbreitete Art der Süßgräser und wird auch allgemein als Schilf bezeichnet. Das Schilfrohr ist eine Sumpfpflanze. Die Normalform wird maximal vier Meter hoch. Die vegetative Vermehrung erfolgt in starkem Maße durch die bis zu 20 Meter langen Ausläufer sowie durch niederliegende, sich an den Knoten bewurzelnde Halme (Legehalme). Ganze „Schilfbestände" stellen oft nur eine einzelne Pflanze dar. Im Donaudelta fand man Pflanzen, deren Alter auf ca. 8000 Jahre geschätzt wurde. Große Schilfbestände bieten zahlreichen Vögeln Schutz. (13)

Schillerstraße (Korschenbroich, Karte 5, B17)

Friedrich von Schiller, 1759-1805, Dichter, Philosoph und Historiker. Er gilt als einer der bedeutendsten deutschsprachigen Dramatiker.
Viele seiner Theaterstücke gehören zum Standardrepertoire der deutschsprachigen Theater. Auch als Lyriker war er erfolgreich: Seine Balladen zählen zu den beliebtesten deutschen Gedichten.
Schiller gehört mit Wieland, Goethe und Herder zum Viergestirn der Weimarer Klassik. Er war durch Geburt Württemberger und wurde später Staatsbürger von Sachsen-Weimar. (13)

Schlehenweg (Glehn, Karte 8, A32)
Benannt nach der Strauchart Schlehe, im Sträucherviertel in Glehn.

Schlich (Glehn, Karte 8, A29)
Bisherige Deutung: Schlich, slich, sleich meint Schlick, Schlamm, Morast.
Man beachte, dass auch ahd. und mhd. slick = Schlick. Zugrunde liegt jedoch ureuropäisch leka = lecken, Geifer mit indogermanischem Anlaut-S zu Schleck, Schlich umgeformt. Schlich bedeutet also wie die deutsche Deutung: nasses Land. Daher auch der Name Schlickum = Schlickheim.
(4)(11)
Vor 1975: Liedberger Straße

Schlickumsweg (Glehn, Karte 8, A30)

Der nordöstlich von Schlich am Kommerbach gelegene Rittersitz Haus Schlickum war ein Burglehn von Liedberg.
Seine Besitzer gehörten ursprünglich zur ritterlichen Besatzung von Burg Liedberg und hatten Haus Schlickum zur Sicherung ihres Lebensunterhalts angewiesen bekommen.
Der erste sicher bezeugte Lehnsinhaber ist Gerhard von Schlickum (1328); der letzte Heinrich Albert, der 1693 ohne männlichen Erben starb. Aus einem großen Brand im 19. Jh. wurde das Wohnhaus gerettet, ein Bau des 18. Jahrhunderts, der heute isoliert im Feld liegt. (1)
Der Name ist aus Schlich und Heim zusammengesetzt.

Schlömerweg (Korschenbroich, Karte 1, E3)
Erinnerung an einen nicht mehr existierenden Hof, den Schlömerhof. (10)

Schloß-Dyck-Straße (Glehn, Karte 8, B31)
Bezieht sich auf das nahe gelegene Schloß Dyck in der Gemeinde Jüchen.

Schloßstraße (Korschenbroich, Karte 7, B28)
Die Schloßstraße führt hinauf zum Markt und weiter zum Schloß Liedberg,
daher ihr Name.

Schmiedstraße (Glehn-Lüttenglehn, Karte 9, D36)
Früher führte diese Straße zur Glehner Schmiede. (1)

Schöpperweg (Korschenbroich, Karte 1, C3)
Dieser Weg erinnert an den Schöpperhof. (1) Weg zum Schöpperhof.

Schubertweg (Kleinenbroich, Karte 3, D10)

Franz Peter Schubert, 1797-1828, österreichi-
scher Komponist und einer der ganz großen in
unserer Musikwelt.
Sein Werk umfaßt Messen, Lieder, Liederzyk-
len (u.a. Die schöne Müllerin, Die Wintereise,
Der Hirt auf dem Felsen, Der Tod und das
Mädchen), Kammermusik (u.a. Quintette,
Quartette, Trios), Klaviermusik (u.a im-
promptus, Moments musicaux), Sinfonien (u.a.
Die Unvollendete, Die große Synfonie in C-Dur). (13)

Schützendelle (Glehn, Karte 6, F24)
Früher genannt Speckshütt. Delle = Vertiefung, in der die Schützen den
Vogel schossen. Keltisch Speck = Tümpel.

Schulstraße (Glehn, Karte 8, B32)
Die städtische Gemeinschaftsschule Glehn liegt an der Schulstraße.

Schwohenend (Glehn, Karte 8, B31)
Schwohenend, alte herkömmliche Deutung: Noch um 1860 ein vom Dorf
Glehn getrennt liegender Ortsteil, der nach Bremer (Liedberg S. 15) auf
einen mittelalterlichen Hof Zwouwen (wohl „zu(r) Aue") zurückgeht
(Kirchhoff, Glehn, S. 168) (15)

Neue Deutung: das „end" zeigt schon an, das der erste Namensteil wahrscheinlich ein altes Wort ist, vermutlich von urkeltisch s(p)eano = Fingerhut, s > Sch, p > w. Also ein Bend, in dem Fingerhüte wuchsen. (11)
Von 1933-1945: Hermann-Göring-Straße

Sebastianusstraße (Korschenbroich, Karte 4, B16)
Sebastian (* in Mailand oder Narbonne; † um 288 in Rom) war ein römischer Soldat und wurde zu einem christlichen Märtyrer.
Seine Jugendzeit verbrachte Sebastian in Mailand und wurde wegen seines guten Benehmens zum Offizier der Leibwache von Kaiser Diokletian und Maximian ernannt.
Der Legende nach hatte sich Sebastian als Hauptmann der Prätorianergarde am kaiserlichen Hof öffentlich zum Christentum bekannt und notleidenden Christen geholfen, woraufhin ihn Diokletian zum Tode verurteilte und von numidischen Bogenschützen erschießen ließ. (13)
Vor 1975: Hochstraße

St.-Andreas-Straße (Korschenbroich, Karte 5, B17)
Der heilige Andreas war ebenso wie sein Bruder Simon Petrus ein Apostel Jesu Christi. Gemäß der Bibel stammten Andreas und Simon aus Bethsaida am See Genesaret, besaßen ein Haus in Kafarnaum (Mk 1,29) und waren Fischer. Übereinstimmend wird berichtet, dass er zur Zeit Neros vom Statthalter Aegeas bzw. Aegeates in Patras gekreuzigt wurde. Dies geschah der Legende nach an einem Kreuz mit schrägen Balken, dem sog. Andreaskreuz. Der Namenstag von Andreas ist der 30. November (Andreastag), der Gedenktag des Apostels Andreas. Die
St.-Andreas-Straße ist nach der Pfarrkirche St. Andreas benannt. (13)

St.-Georg-Straße (Liedberg, Karte 5, F19)
Der heilige Georg, der im 3. Jhd. lebte, war ein Märtyrer, der zu Beginn der Christenverfolgung unter Kaiser
Diokletian (284–305) gestorben sein soll. Besondere Verbreitung hat die Drachentöter-Legende Georgs gefunden. Historische Angaben zu seiner Person sind ungewiss.

St. Georg zählt zu den 14 Nothelfern, ist der Schutzpatron verschiedener Länder, (Adels) Familien, Städte und Ritterorden. Sein Symbol ist das sogenannte Georgskreuz. Das rote Kreuz auf weißem Grund ist in vielen Wappen und Flaggen enthalten. (13) Die Straße ist nach dem Pfarrheiligen von Liedberg benannt.

St.-Katharina-Platz (Korschenbroich, Karte 5, B17)
Katharina ist ein weiblicher Vorname. Namenstag 25. November.
Hl. Katharina von Alexandrien, Patronin der St. Katharina Junggesellen Bruderschaft Korschenbroich und zugleich die zweite Pfarrpatronin der Pfarrgemeinde Korschenbroich.
Im Jahre 1708 aus der St. Sebastianus Bruderschaft heraus gegründet, konnte die Bruderschaft im Jahre 2008 ihr 300jähriges Bestehen feiern. Mit nahezu 350 aktiven Mitgliedern gehört sie auch zu den größten Vereinen in Korschenbroich. Ausgehend von der im deutschen Raum eingebürgerten Form Katharina mit „th" und „a" wird der Name vielfach volksetymologisch vom griechischen Adjektiv katharos („rein") abgeleitet. Demnach bedeutete dieser Name „die Reine", „die Aufrichtige". (13)

Stauferstraße (Liedberg, Karte 5, F19)
Die Staufer (früher gelegentlich auch Hohenstaufen genannt) waren ein schwäbisches Adelsgeschlecht, das im 12. und 13. Jahrhundert mehrere schwäbische Herzöge und römisch-deutsche Könige und Kaiser hervorbrachte. Der Name Staufer leitet sich von der Burg Hohenstaufen auf dem am Nordrand der Schwäbischen Alb bei Göppingen gelegenen Berg Ho-

henstaufen ab. Die bedeutendsten Herrscher aus dem Adelsgeschlecht der
Staufer waren Friedrich I. (Barbarossa), Heinrich VI. und Friedrich II. (13)

Steinforth (Liedberg-Steinforth, Karte 7, E28)
Steinfort läßt sich von ureuropäisch zingira = Morast, Sumpf, erste Silbe
zin und bortu = Pass, also morastige Durchfahrt, Furt erklären.
Vor 1975: Dorfstraße und Schelsener Straße

Steinhausen (Liedberg, Karte 7, B27)
Steinhausen hat seinen Namen daher, dass eine steinerne Burg die erste
Siedlung war. Siehe auch "An der Hofesfeste".
Vor 1975: Dorfstraße

Steinstraße (Korschenbroich, Karte 5, B17)
Es kann eine schon früh mit Steinen befestigte Straße gewesen sein; befestigte Straßen werden schon in ureuropäischer Zeit vermutet, wie aus Ortsnamen am Niederrhein geschlossen werden kann. Auch Korschenbroich hatte früher einen ureuropäischen Namen: Kirsmich. Wörtlich: am
Kirsbach gelegen. Siehe „Am Kirsmichhof". Andere Deutung: stein = von
zin-gira = Morast, Sumpf, also morastige Straße.

Stephanusstraße (Kleinenbroich, Karte 6, A22)
In Anlehnung an die schon vorhandene Antoniusstraße ist sie nach dem hl.
Stephanus (* ca. 1 n. Chr.; † ca. 36/40 n. Chr.) benannt, der ein Diakon der
Jerusalemer Urgemeinde war. Er gilt als erster christlicher Märtyrer. Seit
560 n. Chr. sind seine Gebeine angeblich in der Krypta von San Lorenzo
fuori le mura in Rom neben denen des römischen Archidiakons Laurentius
bestattet. (13)

Stettiner Straße (Kleinenbroich, Karte 6, A21)
In Erinnerung an die bis 1945 deutsche Hafenstadt Stettin
(Pommern) und die Millionen Heimatvertriebenen aus dem
deutschen Osten.

Stingenhof (Kleinenbroich, Karte 3, E10)
Dieser Hof existiert noch und wird auch noch bewirtschaftet. (1)

T

Tannenstraße (Kleinenbroich, Karte 3, F9)
Benannt nach der Baumart „Tanne", im Baumviertel in Kleinenbroich.

Theodor-Heuss-Straße (Kleinenbroich, Karte 6, B22)

Theodor Heuss, 1884-1963, der erste Bundespräsi-
dent der Bundesrepublik Deutschland. Der Politik-
wissenschaftler und Journalist war verheiratet mit
Elly Heuss-Knapp. Als Politiker gehörte er der Fort-
schrittlichen Volkspartei, der DDP und nach dem
Zweiten Weltkrieg der DVP an. Mit der Gründung
der FDP 1948 wurde er deren Vorsitzender. (13)

Theodor-Storm-Straße (Kleinenbroich, Karte 6, B22)

Theodor Storm,1817-1888, Schriftsteller, der sowohl
als Lyriker als auch Autor von Novellen und Prosa
des deutschen Realismus mit norddeutscher Prägung
bedeutend war. Im bürgerlichen Beruf war Storm
Jurist. (13)

Therese-von-Wüllenweber-Platz (Korschenbroich, Karte 4, B16)

Therese von Wüllenweber, *19. Februar 1833 in Korschenbroich, +25. Dezember 1907 in Rom, war die Begründerin des Ordens der Salvatorianerinnen. (13)

Tümpsend (Liedberg, Karte 7, B26)

Der Name Tümpsend in Steinhausen ist ein altes Wasserwort.
Tümp, tömp zusammen mit (B)end wird tümpsend. Urkeltisch (s)tombos = Busch, irisch tomm = Binsengestüpp. (11)

Tulpenweg (Korschenbroich, Karte 1, E3)

Benannt nach der Blumenart „Tulpe", im Blumenviertel in Herrenshoff.

U

Überseite (Kleinenbroich, Karte 6, C22)

Überseite ist ein Teil von Kleinenbroich, vermutlich der älteste.
Niemand wird zur Zeit der ersten Landvermessung und der offiziellen Namengebung, vermutlich um 1810, den Ortsnamen so hochdeutsch als „Überseite" ausgesprochen haben. Das haben eher die französischen oder preußischen Landmesser getan, die unsere Mundart nicht kannten.
Überseite wird von den Einheimischen in plattdeutscher Sprache bezeichnet worden sein und hat dann „Oeversick", " Ueversick" oder "Iversick" geheißen.
In Iversick kann sich ein ureuropäisch-baskisches ibar = Flußtal erhalten haben. Dazu stellt sich ureuropäisch sikatu = trocken fallen.

Daneben kann eine Deutung aus dem Urkeltischen erwogen werden,
nämlich Over = urkeltisch (p)oveno= Schaum, irisch uanbach, cymrisch
(walisisch) ewyn, Schaum auf stehenden Gewässern, und sik = sip, urkeltisch sip = sei(p)atos = Sumpfvogel, Ente, cymrisch hwyad, zu mittelhoch-
deutsch sife = sumpfige Bodenstelle,
Tatsächlich ist bis vor 15o Jahren dort ein Bach, der Schelsener Bach, geflossen, ein gegrabener Bach, wie sie öfter in den Sumpfgemeinden vor-
kommen. Sie heißen aber üblicherweise „Fluyt, Flöth". (11)

Uhlandstraße (Kleinenbroich, Karte 3, E9)

Ludwig Uhland, 1787-1862, Dichter, Literaturwissen-
schaftler, Jurist und Politiker.
Er ist bekannt vor allem durch Gedichte
(Der Wirtin Töchterlein, Ich hatt' einen Kameraden
…) und Balladen (Des Sängers Fluch, Das Schloss
am Meer, Schwäbische Kunde „Als Kaiser Rotbart
lobesam …", bekannt vor allem durch das Zitat „Viel
Steine gab's und wenig Brot "). (13)

Ulmenweg (Kleinenbroich, Karte 3, F9)
Benannt nach der Baumart „Ulme", im Baumviertel in Kleinenbroich.

Unterstraße (Glehn-Lüttenglehn, Karte 9, C36)
Die Unterstraße in Lüttenglehn hat ihren Namen nach der Lage, nämlich
dem etwas niedriger gelegenen Teil des Ortes, so könnte man glauben. Es
kann sich aber auch ein ureuropäisches „ur-tur" dahinter verstecken, weiterentwickelt zu „un-tur (r = n) und letztlich entstellt zu „unter".
„Urtur" bedeutet Wasserstrahl, Wasserströmung, „ur-turrusta" = Wasserstrahl", wie es bei der Lage möglich ist.
Straße hat im Korschenbroicher Platt auch die Bedeutung stroot = kleiner
nasser Wald (18), von txorrota = Wasserhahn, Wasserstrahl.
Siehe den Namen Düsseldorf-Unterbach, an dem man eine gleiche Entstellung merkt.

V

Veilchenweg (Korschenbroich, Karte 1, E3)
Benannt nach der Blumenart Veilchen, im Blumenviertel in Herrenshoff.

Vogtstraße (Pesch, Karte 5, D18)
Der Name Vogtstraße, der für eine Straße steht, die in das Hoppbroich
führt, ist wahrscheinlich eine Entstellung von Voetzstraße, das von dem
urkeltischen votajo, votno herrührt, irisch fotha = Boden, Grundlage.
Straße, im Platt stroot, bedeutet kleiner nasser Wald. (11) (18)
Bis 1975: Hoppbroicher Weg

Von-Bodelschwingh-Straße (Korschenbroich, Karte 5, B17)

Friedrich von Bodelschwing, 1877-1946, evangelischer Theologe. Er trat nach seinem Theologiestudi-
um in die 1867 gegründeten und 1872 vom Vater
Friedrich von Bodelschwingh übernommenen „Von
Bodelschwinghschen Anstalten in Bethel" ein, deren
Leitung er 1910 übernahm.
Nachdem er zum nationalsozialistischen System an-
fangs eine größere Nähe zeigte, wuchs in den folgenden Jahren die Distanz zu den Nationalsozialisten
immer mehr. Es gelang ihm, den Fortbestand der „Von Bodelschwinghschen Anstalten" zu sichern. (13)

Von-Fürstenberg-Straße (Liedberg, Karte 5, F18)
Die von Fürstenberg waren und sind ein im Süddeutschen
beheimatetes Adelsgeschlecht. Ein Zweig kaufte im 19. Jahrhundert Schloß
Liedberg und war dadurch mit der Geschichte unserer Heimat verbunden.
Sie besaßen Schloß Liedberg bis 1874. (4)

Von-Galen-Straße (Korschenbroich, Karte 4, C16)

Clemens August Graf von Galen, 1878-1946, war von 1933 bis 1946 Bischof von Münster.
Bekannt wurde er unter anderem durch sein öffentliches Auftreten gegen die Tötung sogenannten „lebensunwerten Lebens" und nach dem zweiten Weltkrieg gegen die Kollektivschuldvorwürfe an das deutsche Volk.
Er wurde 1946 zum Kardinal erhoben und 2005 seliggesprochen. (13)

Von-Kleist-Straße (Korschenbroich, Karte 1, E4)

Heinrich von Kleist, 1777-1811, Dramatiker, Erzähler, Lyriker und Publizist.
Bekannt wurde er vor allem durch seine Schau-spiele „Das Käthchen von Heilbronn", „Der zerbrochene Krug" und durch seine Novelle „Michael Kohlhaas". (13)

Von-Limburg-Straße (Liedberg, Karte 5, F18)
Als Nachfolger der von Merode wurde Graf Limburg-Styrum Amtmann auf Liedberg. Daher der Bezug zu Korschenbroich (Liedberg). (4)

Von-Merode-Straße (Liedberg, Karte 5, F19)
Von Merode ist ein weit verzweigtes Fürstengeschlecht, das seit dem Mittelalter bis in die Neuzeit besteht. Die Herren von Merode stammen von den Reichsdienstmannen von Kerpen ab; sie waren Reichsministerialen. Merode ist der namengeschichtlich bekanntere Ort der ehemaligen Herrschaft Merode, da seine Entstehung untrennbar mit der Geschichte des Schlosses und der Fürsten von Merode verbunden ist.
Mit Korschenbroich verbindet sie, dass sie mehrmals Amtmänner des

Amtes Liedberg stellten:
1385 – 1398 Heinrich Scheiffart von Merode
1404 – 1408 Johann Scheiffart von Merode
1456 – 1509 Werner Scheiffart von Merode
1520 Johann Scheiffart von Merode (4) und (13)

Von-Randerath-Straße (Liedberg, Karte 5, F19)
Haus Randerath hat seinen Namen durch das Geschlecht der von Randerath. Gerhard von Randerath heiratete im 12. Jahrhundert Elisabeth, die
zweite Tochter des Hermann von Liedberg, zu deren Besitz der heutige Hof
Randerath gehörte. Randerath ist ein kleiner Ort im Kreis Geilenkirchen am
linken Ufer der Rur. Der Name Randerath ist also in Kleinenbroich nicht bodenständig. Wie man den Hof vor Gerhard von Randerath
nannte, ist nicht bekannt. (4)

Von-Stauffenberg-Straße (Kleinenbroich, Karte 6, B21)

Schenk Graf von Stauffenberg, 1907-1944,
Offizier der deutschen Wehrmacht und während des
2. Weltkriegs eine der zentralen Figuren des militäri-
schen Widerstands gegen den Nationalsozialismus in
Deutschland.
Graf von Stauffenberg verübte das mißlungene Atten-
tat auf Adolf Hitler vom 20. Juli 1944. (13)
Bis 1975: Gladbacher Straße

W

Wacholderstraße (Glehn, Karte 9, C33)
Benannt nach der Strauchart Wacholder im Strauchviertel in Glehn.

Waldmeisterweg (Korschenbroich, Karte 4, B 15)
Der Waldmeister ist eine typische Pflanze unserer heimischen Laubwälder. In Buchenwäldern lassen sich oft Massenbestände finden. Er bevorzugt schattige, leicht feuchte, nährstoffreiche Waldböden, die gern kalkhaltig sein können. Auf kalkarmen Böden geht die Art dann stark zurück. Er ist in ganz Mittel- und Nordeuropa heimisch; in Südeuropa ist er selten bzw. fehlt ganz. In Höhenlagen bis zur Laubbaumgrenze ist der Waldmeister verbreitet, im Tiefland eher selten. Er kommt häufiger vor und ist nicht geschützt.

Es handelt sich um eine mehrjährige, krautige, nach Cumarin duftende Pflanze. Der aufrechte, glatte, vierkantige Stängel erreicht eine Wuchshöhe von etwa 20 – 30 cm. Die lanzettlich-länglichen, spitz auslaufenden Blätter stehen zu 6 – 9 quirlartig angeordnet. Es handelt sich dabei um Scheinquirle, wo sich die Laubblätter gegenüberstehen und die Nebenblätter ähnlich wie die Laubblätter aussehen. Die etwa 4 cm langen, am Rand rauen Blätter sind beidseitig frisch grün gefärbt und besitzen eine deutliche Hauptader. Beim Welken duftet die Pflanze besonders stark nach dem typischen Waldmeister bzw. Cumarin. (13)

Für die arzneiliche Nutzung wird das Kraut), welches kurz vor der Blüte gesammelt wird, genutzt.

Der Waldmeister enthält Cumaringlykoside (wird bei dem Welken u.a. in Cumarin umgewandelt und freigesetzt), Asperulosid, Bitterstoffe und Gerbstoffe. Zudem ist Waldmeister auch reich an Vitamin C. Insbesondere die gefäßerweiternden Wirkungen des Cumarins stehen bei dem Waldmeister im Vordergrund. In Arzneimitteln wird Waldmeister gegen Durchblutungsstörungen und Venenerkrankungen genutzt.

In der Volksheilkunde wurde der Waldmeister, wegen seiner krampflösenden, appetitanregenden und beruhigenden Wirkungen eingesetzt. Zudem wurde er als schweißtreibendes Mittel eingesetzt.

Aufgrund der im Waldmeister enthaltenen Cumarine, dürfen im Handel befindliche Waldmeisterzubereitungen nur noch künstlich aromatisiert werden. Cumarin kann in größeren Dosen u.a. Leberschäden verursachen, im häufigen Gebrauch wirkt Cumarin wahrscheinlich zusätzlich krebsauslösend. (13)

Waldstraße (Pesch, Karte 5, C18)
Die Waldstraße in Pesch führt heute nicht in einen nahen oder ferneren Wald. Sie hat wahrscheinlich ihren Namen daher, dass das gesamte Gebiet östlich der Kleinenbroicher Straße noch im 19. Jahrhundert fast ausschließlich bewaldet war.

Waldweg (Kleinenbroich, Karte 2, F8)
Es ist kein Waldweg, den man dem Namen nach erwarten könnte, der also in einen Wald führt. Aber der Wald liegt in der Nähe.

Wallrather-Weg (Liedberg-Steinforth, Karte 7, F28)
Der Wallrather Weg führt von Steinfort nach Wallrath in der Gemeinde Jüchen. Der Name ist doppeldeutig. Entweder er kommt aus dem Urkeltischen und bedeutet Burg der Kelten (Walen) oder aus dem Ureuropäischen und kann dann als Gras-Weide gesehen werden.

Wankelstraße (Glehn, Karte 9, C33)

Felix Wankel (1902-1988), Maschinenbauingenieur und der Erfinder des nach ihm benannten Wankelmotors (13).
Benannt eine Stichstraße im Gewerbegebiet von Glehn, *seit 1975*.

Wasserweg (Liedberg, Karte 5, F19)
Bis vor 150 Jahren waren große Flächen Korschenbroichs völlig vernäßt und wichtige Verkehrswege standen teilweise immer unter Wasser, wie man es von Furten kannte. Dadurch waren z.B. ganze Heerzüge gezwungen, einen großen Bogen um Korschenbroich zu schlagen und Umwege in Kauf zu nehmen. Eine dieser Furten hat den Namen Wasserweg behalten. (5)

Weidenhof (Glehn, Karte 9, B34)
Der Weidenhof ist ein Aussiedlerhof nördlich von Glehn. (1)

Weidenweg (Kleinenbroich, Karte 3, F10)
Benannt nach der Baumart „Weide“, im Baumviertel von Kleinenbroich.

Weißer Weg (Pesch, Karte 5, D19)
„Weißer“ Weg, „weißes“ Feld, alte Bezeichnungen für naß, schon im Urkeltischen als weiß = vindo bezeichnet. Z.B entstelltes urkeltisch vindomag = Weinmark, „Pesch-Weinmark“, in Pescher Engbrück = nasses Feld (11).

Werner-von-Siemens-Straße (Korschenbroich, Karte 4, A15)

Werner von Siemens 1816-1892, Erfinder, Begründer der Elektrotechnik und Industrieller. Gründet am 12. Oktober 1847 zusammen mit Johann Georg Halske die Telegraphen-Bauanstalt von Siemens & Halske (heute bekannt als Siemens AG). (13)

Wiesenweg (Pesch, Karte 5, C18)
Weg in oder zu einer Wiese.

Willi-Hannen-Straße (Korschenbroich, Karte 4, B16)

Willi Hannen (*31.3.1869, +?) war Bürgermeister in
Korschenbroich vom 16.9.1919 bis 5.5.1922 und vom
31.3.1931 bis 10.10.1933, Ehrenbürgermeister, lang-
jähriges Mitglied des Kreistages und Kreisausschusses
in Mönchengladbach und Grevenbroich. (1)

Willicher Straße (Korschenbroch, Karte 1, E4)
Die Straße führt von Korschenbroich nach Schiefbahn, Stadt Willich. Der
Name Willich kommt von einem ureuropäischen belar + Plural-k = Gras,
Wiesen, Weiden, ähnlich Düsseldorf-Bilk
Bis 1975: Schiefbahner Straße

Willi-Brandt-Straße (Korschenbroich, Karte 4, C15)

Willi Brandt, 1913-1992, sozialdemokratischer Politi-
ker.
Er war von 1957 bis 1966 Regierender Bürgermeister
von Berlin, von 1966 bis 1969 Bundesaußenminister
und Stellvertreter des Bundeskanzlers im Kabinett
Kiesinger sowie von 1969 bis 1974 vierter Bundes-
kanzler der Bundesrepublik Deutschland.
Für seine Ostpolitik, die auf Entspannung und Ausgleich mit den osteuro-
päischen Staaten ausgerichtet war, erhielt er am 10. Dezember 1971 den
Friedensnobelpreis.
Von 1964 bis 1987 war Brandt Vorsitzender der SPD, von 1976 bis 1992
Präsident der Sozialistischen Internationale. (13)

Wingespfad (Liedberg-Steinforth, Karte 7, F28)
Der Name rührt wahrscheinlich nicht von „Wein" ähnlich Wingert
her, was Weinberg bedeuten würde, sondern eher von urkeltisch vindo =
weiß. Mit „weiß" wurde im Keltischen naß, wässerig bezeichnet.
Gemeint ist daher vermutlich ein nasser Pfad.

Wolfstraße (Glehn, Karte 8, B32)
Eine Deutung des Namens Wolf war nicht möglich; es ist vermutlich ein Familienname, mehr kann zur Zeit nicht gesagt werden. (7)
1933 – 1945: Albert-Leo-Schlageter-Straße

Z

Zalfenstraße (Pesch, Karte 5, C18)
Im Gegensatz zu der geläufigen und auch einsichtigen Deutung als „Zum Halfen", also einem Hof, der von einem Halbwinner geführt wird, steckt doch ein indogermanisches calven dahinter.
Dieses von urkeltisch kalamon, kulmo = Halm, Stroh, neucymrisch calaf, calven, oder calfen > Zalfen (Zetazismus), siehe auch Kälberbend, Kälber-donk, keltisches calv = Rohr, Binse zu Kalb entstellt. (11)
Bis 1975: Schulstraße

Zedernweg (Kleinenbroich, Karte 3, F10)
Benannt nach der Baumart „Zeder", im Baumviertel in Kleinenbroich.

Zollhausstraße (Korschenbroich, Karte 1, F3)
Siehe Beschreibung „Am Zollhaus".

Weitere Schriften des Autors:

"Das letzte Indogermanisch lebte noch lange – in der Umgebung von
Korschenbroich - Über ein vermutetes Rückzugsgebiet der Eburonen am
Niederrhein"
ISBN 9783842358829,
Verlag Books on Demand, Norderstedt
3. Auflage Juli 2012, 240 S., 18,90 Euro

"Der Nordwestblock nach Hans Kuhn: Germanisch, Indogermanisch
oder zeigen sich noch ältere Sprachschichten? - Auf den Spuren einer der
ältesten europäischen Sprachschichten"
ISBN 9783842357624,
Verlag Books on Demand, Norderstedt
2. Auflage Juli 2011, 368 S., 22,90 Euro

"Der Jüchener Bach und der Schelsener Bach - Heutige und
ehemaligeWasserläufe in Kleinenbroich",
2. Auflage April 2011, 46 S., im Stadtarchiv erhältlich, erweiterter Neu-
druck geplant

Alfred Hunold und Hermann Knabben
"Wegmarken des Glaubens - Fußfälle, Bilderstöcke, Hagelkreuze und Ka-
pellen in der Stadt Korschenbroich"
Ein Bildband zur Heimatkunde
1. Auflage September 2012, Vertrieb Heimatverein Kleinenbroich,
152 Seiten, 9,00 Euro

„Deutung von deutschen Wörternen mit Hilfe des Baskischen
Zum vaskonischen„ureuropäisch   ng von Teilen der deutschen
Sprache"
1. Auflage, Verlag Books on Demand, Norderstedt, 2016
155 S., 12,95 Euro
ISBN: 978 - 3- 74127 - 562 – 3

„Vorgermanische Ortsnamen im nördlichen Rheinland
- Überlegungen zum vaskonischen, ureuropäischen Ursprung von noch
heute benutzten Ortsnamen „
1. Auflage, Verlag Books on Demand, Norderstedt 2016,
380 S., 14,95 Euro
ISBN: 978 - 3 - 74128 - 560 – 8